"¡Ya que tengo la pasión de orar la Palabra de Dios sobre cada área de las vidas de mis hijos y un profundo deseo de levantarlos delante del Señor para que sean hombres de Dios, he recibido el recurso perfecto de manos de Joanna y Rob Teigen! ¡Lleno de historias alentadoras, oraciones basadas en las Escrituras y enseñanzas bíblicas sobre más de setenta y cinco aspectos de la vida de un muchacho, *Oraciones poderosas por su hijo* es el tipo de libro que es una lectura obligada y que tiene que regalarlo a sus amigos!".

Renee Swope, autora del libro de mayor venta *Un corazón confiado* fue coconductora del programa de radio Proverbs 31 Ministries y es una madre que continuamente ora por sus tres hijos

"Todo padre quiere lo mejor para su hijo. Anhelan verlo alcanzar el potencial que Dios le ha dado. ¡Rob y Joanna Teigen les dan a los padres el excelente regalo de oraciones que pueden desatar ese potencial! *Oraciones poderosas por su hijo* permanecerá en mi mesa de noche, justo junto a mi Biblia; ¡y las oraciones quedarán guardadas en mi corazón!".

Pam Farrel, coautora de *A Couple's Journey with God* [La jornada de una pareja con Dios] y *The 10 Best Decisions a Woman Can Make* [Las 10 mejores decisiones que puede tomar una mujer]

"Cada padre necesita este libro conmovedor. Como madre de dos muchachos, de continuo me esfuerzo por confiarlos al cuidado de Dios y *Oraciones poderosas por su hijo* me ayuda a hacer justo eso. ¡No se pierda del ánimo que este libro puede darle! Le va a encantar".

Leslie Parrott, autora del libro de mayor venta según las listas del diario *The New York Times*, *Asegure el éxito en su matrimonio antes de casarse*

"¡Me encanta este libro! Siendo una mujer a la que le encanta orar, y como una mamá que ha criado tres hijos, cómo me hubiera gustado tener este libro cuando mis hijos eran chicos. Rob y Joanna Teigen han elaborado un libro de oraciones, versículos bíblico e historias que hablan directo al corazón de la vida de su hijo. No importa su edad, él necesita sus oraciones. Y sin importar la etapa de su vida, usted ha sido llamado a orar. Dios lo invita a colaborar con Él para moldear el carácter y la vida de su hijo. *Oraciones poderosas por su hijo* lo ayudará a hacer oraciones apasionadas, basadas en la Biblia, específicas para las circunstancias de la vida de su hijo. Si necesita un recurso que lo ayude a engranar su fe y orar con precisión, no busque más. No puedo recomendar el libro de los Teigen lo suficiente".

Susie Larson, autora, conductora de radio y conferenciante nacional

ROB & JOANNA TEIGEN

CASA CREACIÓN

La mayoría de los productos de Casa Creación están disponibles a un precio con descuento en cantidades de mayoreo para promociones de ventas, ofertas especiales, levantar fondos y atender necesidades educativas. Para más información, escriba a Casa Creación, 600 Rinehart Road, Lake Mary, Florida, 32746; o llame al teléfono (407) 333-7117 en Estados Unidos.

Oraciones poderosas para su hijo por Rob y Joanna Teigen
Publicado por Casa Creación
Una compañía de Charisma Media
600 Rinehart Road
Lake Mary, Florida 32746
www.casacreacion.com

Traducción: pica6.com (Salvador Eguiarte D. G.)
Diseño de la portada por: Lisa Rae McClure
Director de Diseño: Justin Evans

Originally published in English under the title
Powerful Prayers for Your Son
By Revell,
A division of Baker Publishing Group,
Grand Rapids, Michigan, 49516, U.S.A.

Visite el sitio web de los autores en: www.growinghometogether.com

Library of Congress Control Number: 2019946485
ISBN: 978-1-62999-263-1
E-book ISBN: 978-1-62999-264-8

Nota: Aunque los autores hicieron todo lo posible por proveer teléfonos y páginas de internet correctas al momento de la publicación de este libro, ni la editorial ni los autores se responsabilizan por errores o cambios que puedan surgir luego de haberse publicado. Además, la editorial no tiene control ni asume responsabilidad alguna por páginas web y su contenido de ya sea los autores o terceros.

Impreso en los Estados Unidos de América
19 20 21 22 23 * 7 6 5 4 3 2 1

A nuestros hijos,
Joshua and Mason.
Son amados.

CONTENIDO

UNAS PALABRAS *de* JOANNA

LA ESCRITURA DE ESTE libro me encuentra en una temporada extraña. Por un lado, mi hijo mayor está en la universidad y en gran parte ha "dejado el nido". Veo su carácter, sus esperanzas para el futuro y su amor por el Señor y me trae gran gozo.

Al mismo tiempo hay un pequeño niño en casa a quien desesperadamente quiero llamar mío. Vino a nosotros como un bebé en adopción temporal y estamos batallando a través de un largo y estresante proceso de adopción permanente. A la fecha de la escritura de estas palabras, sigo sin estar segura de cuál será el resultado final.

Mientras miro a mis dos muchachos, veo con absoluta certeza que cada cosa buena en su vida y en su corazón ha provenido de Dios. No importa cuánto cuide de ellos y los ame, no los puedo hacer quienes quiero que sean. No puedo mantenerlos a salvo. No puedo controlar su futuro o sus decisiones. No puedo ser la madre perfecta que me digo a mí misma que necesitan. Los veo a ellos y a mí misma y caigo en cuenta de que sin Dios estamos perdidos. A medida que esa verdad se ha enraizado más profundo en mi corazón y en mi mente, me ha empujado a orar como nunca. Durante muchos de mis años de crianza, tomé la perspectiva de "mi trabajo MÁS la oración lo logrará". Y aunque estoy consagrada a mis cinco hijos, ahora veo que al final mis esfuerzos se desvanecerán en comparación con lo que el Señor hará en su vida.

Encuentro libertad al poner a mis hijos en manos de Dios. Cuando los suelto en sus manos, soy liberada de la preocupación. Cuando confío en que Él efectuará su salvación en su vida, no tengo que ser su conciencia y su juez. Cuando medito en el constante amor y misericordia del Señor para con ellos, puedo dejar ir el resentimiento y el enojo por sus debilidades. Cuando creo en un Espíritu Santo quien es un consejero y guía, no tengo que ser la fuente omnisciente de sabiduría para cada situación. Cuando oro y dejo que Dios sea Dios para ellos, soy libre para ser solo yo.

Así que oro. Oro con lágrimas, y ruego como si todo dependiera de ello. Oro una y otra vez por lo mismo, y luego vuelvo a orar por eso. Y Dios reúne mis oraciones y dice: *Hijita, puedes descansar. Te escucho. Te amo. Amo a tu hijo. Aquí estoy y siempre lo estaré. Quédate quieta y espera porque voy a hacer más de lo que puedes imaginar.* Y seco mis lágrimas y respiro profundo y tengo paz.

UNAS PALABRAS *de* ROB

¡MI ESPOSA ES ASOMBROSA! Sé que no se lo digo lo suficiente, pero estoy sorprendido por todas las tareas con las que hace juegos malabares en un solo día. Veo el calendario de nuestra familia en la pared con todas las citas del médico y el dentista, los ensayos del coro de los niños, las reuniones de padres temporales, las llevadas y las traídas y me hace querer irme a tomar una siesta. Por supuesto, mientras tomo la siesta Joanna suele cocinar la cena. De todas las cosas que mi esposa hace por nuestra familia, la más importante son las oraciones que hace por nosotros todos los días. Es una manera tremenda de demostrar su amor por su familia.

Como papá, me considero el proveedor y protector de mis hijos. Pero, yo, también he llegado a caer en cuenta de que la oración es la manera más significativa en la que puedo cuidar de ellos. Nuestro hijo mayor celebrará su vigésimo cumpleaños pronto. Le pregunté en fechas recientes lo que significaba para él saber que sus padres habían orado por él a lo largo de los años. Me dijo que lo ha ayudado a ver la importancia de su relación con Dios, en especial ahora que ya es adulto. Le mostró lo mucho que nos preocupábamos por sus necesidades, tanto físicas como espirituales. Cree que nuestras oraciones lo protegieron de muchas cosas que no era lo suficientemente maduro para manejar a lo largo del camino. Y nuestras oraciones le enseñaron lo importante que era la oración en su propia vida con Dios.

Es a través de nuestras oraciones que le soltamos nuestros hijos a Dios y confiamos en que cuidará de ellos. Sabemos que Dios puede tomar las luchas y fracasos de nuestros muchachos y hacer que ayuden a bien. Puede tomar sus logros y puntos fuertes para hacerlos todavía mayores cuando está en control. Está dispuesto y es capaz de responder a cualquier preocupación o problema de nuestros hijos. Hemos tomado a pecho la verdad que dice: "Acerquémonos, pues, confiadamente al trono de la gracia, para alcanzar misericordia y hallar gracia para el oportuno socorro" (Hebreos 4:16).

Otro elemento de nuestras oraciones es que son fieles y persistentes. Sabemos que confiamos en un Dios que nos escucha cuando clamamos a Él. Jesucristo les enseñó a sus discípulos que deberían "orar siempre, y no desmayar" y que "¿… acaso Dios no hará justicia a sus escogidos, que claman a él día y noche? ¿Se tardará en responderles? Os digo que pronto les hará justicia" (Lucas 18:1, 7-8). ¡No se desaliente! Siga levantando las preocupaciones y necesidades de su hijo a nuestro amoroso Padre todos los días. Él escuchará y responderá sus oraciones. Quizá no sea en el tiempo que espera o exactamente de la manera que tiene en mente, pero será de una manera que traerá gloria a Dios y será lo mejor para su hijo.

Mi esperanza es que este libro lo aliente a orar y a creer en el Dios que está en control de todo. Le pido a Dios que le traiga esperanza cuando su hijo haya perdido el camino y su corazón se rompa. Le pido a Dios que lo lleve a alabarlo por su poder y amor ilimitado por usted y su hijo. Sea que ore de principio a fin del libro o lo tome cuando haya cierto asunto en su corazón, espere que el Señor se encuentre con usted justo donde se encuentra. "Por nada estéis afanosos, sino sean conocidas vuestras peticiones delante de Dios en toda oración y ruego, con acción de gracias. Y la paz de Dios, que sobrepasa todo entendimiento, cuidará sus corazones y sus pensamientos en Cristo Jesús" (Filipenses 4:6-7). Dios lo bendiga.

Rob

1

CUANDO NECESITE LA SALVACIÓN DE DIOS

Le dijo Jesús: Yo soy la resurrección y la vida; el que cree en mí, aunque esté muerto, vivirá. Y todo aquel que vive y cree en mí, no morirá eternamente. ¿Crees esto?

Juan 11:25-26

Porque de tal manera amó Dios al mundo, que ha dado a su Hijo unigénito, para que todo aquel que en él cree, no se pierda, mas tenga vida eterna. Porque no envió Dios a su Hijo al mundo para condenar al mundo, sino para que el mundo sea salvo por él.

Juan 3:16-17

¿Qué os parece? Si un hombre tiene cien ovejas, y se descarría una de ellas, ¿no deja las noventa y nueve y va por los montes a buscar la que se había descarriado? Y si acontece que la encuentra, de cierto os digo que se regocija más por aquélla, que por las noventa y nueve que no se descarriaron. Así, no es la voluntad de vuestro Padre que está en los cielos, que se pierda uno de estos pequeños.

Mateo 18:12-14

SEÑOR:

Gracias por el regalo que es mi hijo. Fue creado por ti, y su vida fue planeada desde antes del comienzo del tiempo. Tu amor por él es mayor de lo que puedo comprender. Sé que tu deseo es que venga a un conocimiento completo de ti. Te alabo por todas las maneras en que te has revelado a él en su joven vida.

Te pido que completes tu obra de salvación en mi hijo. Abre sus ojos totalmente a la verdad de Cristo: su vida perfecta, su expiación completa por nuestros pecados en la cruz y su resurrección que nos da la esperanza de vivir para siempre contigo. Dale certeza cuando dude de tu Palabra. Rescátalo de cualquier tentación que pudiera alejarlo de seguirte. Provéele maestros sabios para instruirlo en tus caminos. Llénalo con tu Espíritu para que pueda conocer tu voz y poder en su vida. Gracias por todas tus promesas para mi hijo. Permítele experimentar tu fidelidad: que no importe que tan lejos deambule, lo busques y lo traigas a casa. Muéstrale que puedes ser todo para él como su Salvador, Ayudador, Consejero, Padre y Amigo.

Aliéntame como su padre cuando mi confianza en ti sea sacudida. Que vea a mi hijo a través de tus ojos, sin importar los pecados o la confusión espiritual con la que quizá luche. Nunca me permitas renunciar a la esperanza de que él está en tus manos.

Que me deleite en tus conocimientos para que mi hijo pueda ver gozo y paz en mí. Úsame como un ejemplo de obediencia y fe. Haz que mis palabras estén llenas de alabanza y de oraciones que declaren tu bondad en cada situación en la que nos encontremos. Úsame para guiarlo más cerca de ti cada día. Gracias por abrazar a mi hijo con tanta cercanía. Reclámalo como tuyo propio. Que viva en ti para siempre. Amén.

2

CUANDO SE SIENTA INFERIOR

Porque tú formaste mis entrañas; tú me hiciste en el vientre de mi madre. Te alabaré; porque formidables, maravillosas son tus obras; estoy maravillado, y mi alma lo sabe muy bien. No fue

> encubierto de ti mi cuerpo, bien que en oculto fui formado, y entretejido en lo más profundo de la tierra. Mi embrión vieron tus ojos, y en tu libro estaban escritas todas aquellas cosas que fueron luego formadas, sin faltar una de ellas.
>
> Salmos 139:13-16

> Y pido que, arraigados y cimentados en amor, puedan comprender, junto con todos los santos, cuán ancho y largo, alto y profundo es el amor de Cristo; en fin, que conozcan ese amor que sobrepasa nuestro conocimiento, para que sean llenos de la plenitud de Dios.
>
> Efesios 3:17-19, NVI

SEÑOR:

Mi hijo ve a todas las personas a su alrededor y siente que no está a la altura. No se siente fuerte, inteligente o talentoso. No se siente valorado o apreciado. No cree que tenga mucho que ofrecer o que alguno podría extrañarlo si no estuviera presente.

Mi hijo ha olvidado quién dices que es. Tu Palabra dice que él ha sido hecho a tu imagen, y que lo que hiciste es bueno en gran manera (Génesis 1:27, 31). Necesita la certeza de que su vida no es meramente un accidente, sino que ha sido planeada y creada con amor por ti con todo detalle. Dale el poder de confiar en tu amor increíble por él que va más allá de nuestra comprensión.

Gracias por las cualidades que hacen a mi hijo quien es. Aprecio su personalidad, su sonrisa y su perspectiva única del mundo. Veo habilidades y talentos que toman forma en su vida. Es un regalo para nuestra familia y tiene el potencial de hacer del mundo un mejor lugar.

Ayuda a mi hijo a encontrar su valor en tus ojos en lugar de compararse con los que están a su alrededor. Que crea que estás trabajando en él, y que lo moldeas en la persona valiosa que siempre has planeado.

Guarda la mente de mi hijo de morar tanto en su propia derrota e inseguridades que olvide lo asombroso que eres. Que encuentre paz y satisfacción total en ti y solo en ti. Que guste y vea que Tú eres bueno, y que se dé cuenta de que eres la fuente de toda buena dádiva (Salmos 34:8; Santiago 1:17).

Úsame para edificar a mi hijo. Muéstrame cómo alentarlo cuando se sienta alicaído. Abre mis ojos a sus puntos fuertes para que pueda afirmarlo. Dame sabiduría para guiarlo a vencer sus debilidades e inseguridades.

Gracias por crear a mi hijo y permitirme compartir con él. Eres todo lo que necesita; que encuentre su fuerza y su gozo en ti. Amén.

3

CUANDO CODICIE TENER *más*

¿De dónde surgen las guerras y los conflictos entre ustedes? ¿No es precisamente de las pasiones que luchan dentro de ustedes mismos? Desean algo y no lo consiguen. Matan y sienten envidia, y no pueden obtener lo que quieren. Riñen y se hacen la guerra. No tienen, porque no piden. Y, cuando piden, no reciben porque piden con malas intenciones, para satisfacer sus propias pasiones.

Santiago 4:1-3, NVI

No améis al mundo, ni las cosas que están en el mundo. Si alguno ama al mundo, el amor del Padre no está en él. Porque todo lo que hay en el mundo, los deseos de la carne, los deseos de los ojos, y la vanagloria de la vida, no proviene del Padre, sino del mundo. Y el mundo pasa, y sus deseos; pero el que hace la voluntad de Dios permanece para siempre.

1 Juan 2:15-17

PADRE DIOS:

Tú conoces el profundo egoísmo en nuestro corazón que anhela nuestro propio camino. Queremos hacer nuestras propias reglas, llegar en primer lugar, recibir alabanza y atención y gratificar el deseo que sintamos en el momento. Creemos la mentira de que una posesión material o experiencia divertida traerá felicidad y satisfará nuestro corazón.

Protege a mi hijo de amar las bendiciones que le has dado más de lo que te ama. Dale gratitud por todo lo que has provisto para que todo lo que tenga sea un símbolo de tu misericordia generosidad. Que encuentre su mayor deleite y satisfacción en su relación contigo y las personas que has puesto en su vida.

Ayuda a mi hijo a comprender que el dinero, la fama o las experiencias emocionantes que pueda obtener en esta vida solamente pasarán. Hazlo libre para que vaya en pos de "tesoro en los cielos que no se agote, donde ladrón no llega, ni polilla destruye. Porque donde está vuestro tesoro, allí estará también vuestro corazón" (Lucas 12:33-34).

Abre sus ojos para ver cualquier aspecto en el que esté codiciando las cosas del mundo. Llénalo con un mayor amor por sus hermanos y amigos para que pueda ser generoso y esperar su turno. Dale gratitud por lo que tiene en lugar de rogar más y más cuando estamos de compras. Libéralo de un espíritu de queja que siempre quiere más diversión, menos trabajo y un trato preferencial.

Enséñale a mi hijo a que acuda a ti para todo lo que desea. Cambia su corazón por medio de la oración para querer lo que *Tú* quieres para él. Que tu Espíritu se mueva poderosamente en su corazón para generar gratitud, paciencia y amor por los demás. Dale tu gozo que es mayor que cualquier felicidad que este mundo pueda ofrecer.

Gracias por amar a mi hijo y ofrecerle la esperanza de la plenitud en ti. Amén.

4

CUANDO DEFIENDA LO QUE ES CORRECTO

Porque los ojos del Señor están sobre los justos, y sus oídos atentos a sus oraciones; pero el rostro del Señor está contra aquellos que hacen el mal. ¿Y quién es aquel que os podrá hacer daño, si vosotros seguís el bien? Mas también si alguna cosa padecéis por causa de la justicia, bienaventurados sois. Por tanto, no os amedrentéis por temor de ellos, ni os conturbéis.

1 Pedro 3:12-14

¡Levanta la voz por los que no tienen voz! ¡Defiende los derechos de los desposeídos! ¡Levanta la voz, y hazles justicia! ¡Defiende a los pobres y necesitados!

Proverbios 31:8-9, NVI

SEÑOR:

Mi hijo es como cualquier otro muchacho; queda fascinado por los héroes que usan sus poderes para salvar el día. Sea en una película, un videojuego o un libro, él admira la habilidad y fuerza que traen la victoria en la batalla.

Revélale a mi hijo que él puede ser el héroe de alguien también. Dale valentía para defender a los que están a su alrededor que son débiles o batallan. Que sea un aliado de los chicos que sufren a manos de los matones. Dale discernimiento para conocer la diferencia entre hablar y echarles una mano de ayuda a los que lo necesitan.

Llena a mi hijo de compasión por el pobre. Hazlo que tenga la pasión de compartir lo que tiene para que pueda aliviar el sufrimiento de los demás. Guárdalo de una actitud de "yo primero" a través de un deseo de dar y servir. Dale humildad para tratar a todos con respeto, sin importar su apariencia o estatus social.

Haz de mi hijo un hombre de integridad. Que juegue limpio, hable la verdad e insista en la justicia si ve que alguien ha sido engañado. Dale una voz firme para hablar y usa su ejemplo para alentar a otros jóvenes a defender lo que es correcto.

Que mi hijo sepa que estás con él. Tú estás al tanto de cada vez que le echa una mano a los que son rechazados, ayuda a alguien en necesidad y a quien necesita apoyo. Muéstrale que tienes bendiciones y recompensas preparadas para él, en especial cuando le cuesta hacer lo correcto.

Úsame como un ejemplo para mi hijo a través de mi actitud hacia los discapacitados, los pobres y los marginados. Dame oportunidades de ayudar y honrar a otros. Muéstrame cómo alentar a mi hijo para que sea valiente y defienda la justicia.

Gracias por ser nuestro gran héroe rescatador. Gracias por tu poder para rescatarnos de nuestros pecados y del enemigo de nuestra alma. Ayúdanos a siempre depender de ti, "nuestro pronto auxilio en las tribulaciones" (Salmos 46:1). Danos tu fuerza y corazón de compasión que cuida de toda la gente. Amén.

5

CUANDO TENGA MIEDO

> El Señor es mi luz y mi salvación; ¿a quién temeré? El Señor es el baluarte de mi vida; ¿quién podrá amedrentarme [...] Porque en el día de la aflicción él me resguardará en su morada; al amparo de su tabernáculo me protegerá, y me pondrá en alto, sobre una roca.
>
> Salmos 27:1, 5 NVI

> Busqué a Jehová, y él me oyó, y me libró de todos mis temores [. . .] Este pobre clamó, y le oyó Jehová, y lo libró de todas sus angustias [. . .] Gustad, y ved que es bueno Jehová; dichoso el hombre que confía en él.
>
> Salmos 34:4, 6, 8

PADRE:

Un niño tiene tantas cosas a las cuales quizá les tenga miedo: los extraños, la oscuridad, perderse, avergonzarse o fracasar en la escuela, ser rechazado por sus amigos y la desaprobación de sus padres. Algunos niños incluso tienen que temer la violencia, el hambre y estar solos en el mundo.

Por favor, alienta a mi hijo con tu poder y fuerza. Dale certeza en tus promesas de protegerlo y cuidar de él. Dale una fe inquebrantable para creer que escuchas sus oraciones y que esperas aliviar todas sus preocupaciones. Que confiar en ti le dé la valentía para enfrentar cada persona y situación que se le presente.

Como padre, que yo nunca sea una fuente de temor en su vida. Guárdame del enojo fuera de control que podría destruir su confianza en mí. Que sea un fuerte protector de su cuerpo, su mente y sus emociones. Que mis palabras y acciones sean gentiles y amables por tu Espíritu. Dame la sabiduría de saber cuándo establecer límites para su seguridad. Dame la valentía para decir no a personas o experiencias que podrían ponerlo en peligro, incluso si él no está de acuerdo o no lo entiende.

Algunas veces mi hijo tiene temor y resiste nuevas oportunidades o desafíos. Ayúdalo a tomar el desafío de intentar cosas nuevas incluso aunque se sienta incómodo al principio. Guárdalo de que el temor tome control de sus decisiones. Danos a ambos la sabiduría de saber si sus dudas están simplemente basadas en emociones o son amenazas reales a su bienestar.

Gracias de que nunca tenemos que temer venir a ti. Tú nos ama de una manera perfecta y "el perfecto amor echa fuera el temor" (1 Juan 4:18). Enséñale a mi hijo que puede recurrir a ti con cada pecado, preocupación, duda y batalla que alguna vez enfrente; Tú le das la bienvenida a tu misericordia con brazo abiertos.

Tú eres nuestra fortaleza y refugio. Que hagamos de ti nuestro refugio todos los días de nuestra vida. Amén.

6

CUANDO ESTÉ ENOJADO

Airaos, pero no pequéis; no se ponga el sol sobre vuestro enojo [...] Quítense de vosotros toda amargura, enojo, ira, gritería y maledicencia, y toda malicia.

Efesios 4:26, 31

Más vale ser paciente que valiente; más vale el dominio propio que conquistar ciudades.

Proverbios 16:32

Mis queridos hermanos, tengan presente esto: Todos deben estar listos para escuchar, y ser lentos para hablar y para enojarse; pues la ira humana no produce la vida justa que Dios quiere.

Santiago 1:19-20, NVI

Pero tú, Señor, eres Dios clemente y compasivo, lento para la ira, y grande en amor y verdad.

Salmos 86:15, NVI

PADRE:

Algunas veces el enojo de mi hijo puede explotar sin advertencia. Hace que cualquiera dentro de su alcance quiera cubrirse antes de que sus sentimientos sean dañados. En otros momentos hierve a fuego lento en silencio durante días a medida que se aferra al resentimiento en contra del probable "enemigo" que haya frustrado sus deseos. De cualquier manera, su enojo lo aliena de otros y de ti. Cura el espíritu de mi hijo y enséñale dominio propio. Dale humildad para que sea libre de la frustración de ir en pos de sus propios caminos en todo. Suaviza su corazón hacia los demás para que pueda perdonar en lugar de permitir que la amargura tome lugar.

Cuando mi hijo se frustre y se enoje, ayúdalo a pensar antes de hablar. Guárdalo de arremeter contra otros con sus palabras o sus puños. Dale paciencia para escuchar antes de reaccionar y a procurar la paz en lugar de venganza. Ayúdalo a entender que darle lugar a la ira solo inhibe su madurez y la "justicia de Dios" (Santiago 1:20).

Muéstrale a mi hijo la asombrosa verdad de que la fuerza y el poder se muestran en paciencia y dominio propio. Que gobierne sus impulsos que quieren entrar en una pelea y ganar a cualquier costo. Guárdalo de ser gobernado por sus emociones; que sea gobernado por tu Espíritu y verdad. Haz que mi hijo sea una persona compasiva, generosa que busque el bien de los demás. Purifica su corazón de egoísmo y animosidad en contra de otro. Úsame como un ejemplo de amabilidad. Que demuestre paciencia y comprensión con mi hijo en cada circunstancia. Mantén nuestra relación libre de enojo el uno hacia el otro y que terminemos cada día en paz.

Gracias por tu amor y paciencia ilimitados. Gracias que, sin importar cuántas veces mi hijo pueda perder los papeles, le tienes paciencia y lo ayudas a vencer sus debilidades. Te pido que recibas toda la gloria a medida que mi hijo y yo crezcamos en volvernos más como Tú. Amén.

7

CUANDO SU VIDA SEA APARTADA

¿Y qué acuerdo hay entre el templo de Dios y los ídolos? Porque vosotros sois el templo del Dios viviente, como Dios dijo: Habitaré y andaré entre ellos, y seré su Dios, y ellos serán mi pueblo. Por lo cual, salid de en medio de ellos, y apartaos, dice el Señor, y no toquéis lo inmundo; y yo os recibiré, y seré para vosotros por Padre, y vosotros me seréis hijos e hijas, dice el Señor Todopoderoso.

2 Corintios 6:16-18

Mas vosotros sois linaje escogido, real sacerdocio, nación santa, pueblo adquirido por Dios, para que anunciéis las virtudes de aquel que os llamó de las tinieblas a su luz admirable; vosotros que en otro tiempo no erais pueblo, pero que ahora sois pueblo de Dios; que en otro tiempo no habíais alcanzado misericordia, pero ahora habéis alcanzado misericordia. Amados, yo os ruego como a extranjeros y peregrinos, que os abstengáis de los deseos carnales que batallan contra el alma, manteniendo buena vuestra manera de vivir entre los gentiles; para que en lo que murmuran de vosotros como de malhechores, glorifiquen a Dios en el día de la visitación, al considerar vuestras buenas obras.

1 Pedro 2:9-12

DIOS TODOPODEROSO:

Gracias por tu gran misericordia que habilita a mi hijo a volverse tu hijo. Tienes el poder de trasladarlo de las tinieblas de este mundo a tu maravillosa luz. Se le ha ofrecido el regalo de una morada eterna entre tu pueblo. Tú puedes liberarlo del poder del pecado. Tú prometes darle tu presencia constante en su vida y su corazón.

Estas son verdades increíbles, pero pueden desvanecerse de su mente cuando el mundo tangible parezca más real que su identidad espiritual. Puede olvidar quién es realmente en ti cuando se vea abrumado por las tentaciones y las presiones de esta vida.

Ayuda a mi hijo a recordar que ha sido apartado. Que labre sus actitudes, palabras y comportamiento conforme al ejemplo perfecto de Cristo. Que ponga su esperanza en la herencia y las recompensas que has prometido en lugar de luchar por la atención y alabanza de los demás. Líbralo de sentirse tan compelido a encajar en el mundo que abandone su verdadera identidad como tu hijo.

Guarda a mi hijo de amar lo que el mundo ama. Guárdalo de las trampas del dinero y la popularidad. Cuando las tentaciones vengan a su camino, dale fuerza por tu Espíritu para resistir y hacer lo correcto. Que su integridad, pureza y santidad le traiga gloria a tu nombre.

Dale resistencia para vivir para ti incluso cuando sea difícil. Edifícalo en esos tiempos en los que sea mal entendido. Etiquetado. Hecho a un lado. Ayúdale a confiar en que estás con él incluso cuando se sienta solo.

Dame sabiduría para saber cómo alentar a mi hijo. Que mi devoción por ti y tus caminos establezcan un ejemplo de fidelidad. Que tengamos resistencia para despojarnos "de todo peso y del pecado que nos asedia, y corramos con paciencia la carrera que tenemos por delante" (Hebreos 12:1). Sé glorificado en nuestras vidas a medida que vivimos plenamente para ti. Amén.

Una historia de oración

Cuando nuestro hijo, Bo, estaba en preescolar, las lágrimas fluían de sus grandes ojos azules al formarme en la fila de transporte compartido. No solo el primer día, sino interminablemente. Con el tiempo, se ajustó y disfrutaba de su grupo y de su maestra. Pero hasta ahí.

Bo nunca quería ir a jugar con otros chicos después de clases. Si lo invitaban a una fiesta de cumpleaños, tenía que quedarme allí con él.

Entonces llegó el siguiente año escolar. Misma historia. Las lágrimas caían mientras lo llevaba a su aula todas y cada una de las mañanas. Bo se aferraba a mí. Un día, incluso, se escabulló por la puerta lateral de su escuela antes de que comenzaran las clases. Con el tiempo, nuevamente comenzó a sentirse más cómodo. Pero si los chicos querían jugar con él tenía que ser en nuestra casa, y nada de ir a dormir a casa de nadie.

Cada nuevo año escolar, cada nueva clase de escuela dominical, cada equipo traía la misma respuesta. Mi corazón se rompía. ¿Qué había hecho mal?

Bo y yo leíamos la Biblia juntos cada noche antes de dormir. Una noche en particular, leímos la historia de Josué. Las palabras de Dios a Josué saltaron de la página al interior de mi corazón: "Mira que te mando que te esfuerces y seas valiente; no temas ni desmayes, porque Jehová tu Dios estará contigo en dondequiera que vayas" (Josué 1:9). Comencé a orar este versículo sobre Bo. Unos días después le escribí una carta para compartirle este versículo y cómo Dios lo amaba tanto como a Josué. Lo mucho que Dios quería que se esforzara y fuera valiente, como Josué. Que tomara el desafío e hiciera nuevos amigos. Y viajara a nuevos lugares.

Bo pegó mi carta a la pared. Memorizó el versículo. Con el tiempo, pasó algunas noches fuera aquí y allá. Pero todavía nada de retiros o viajes con el grupo de jóvenes. Solo por una noche en casas que se encontraran a una cuadra o dos de la nuestra. Pero yo seguí orando con firmeza para que Dios le diera a Bo la valentía de decir que sí.

Cuando Bo cumplió quince, Dios abrió la puerta para ese sí a través de Young Life. Era un viaje extenso, fuera del estado. Al principio dijo que no. Su hermana lo animó a ir, le compartió que había sido el mejor viaje de su vida cuando fue. Así que estuvo de acuerdo. Pero en la mañana del viaje, estaba nervioso por ir, vacilante de dar un paso fuera del coche. Pero en el momento en que vio a sus amigos, se fue. Mientras me alejaba y me despedía de mi dulce muchacho por la ventana, las lágrimas se me salieron de los ojos al alabar a Dios por responder el clamor del corazón de esta madre. Tomó muchos años y una montaña de oraciones, pero Dios fue fiel.

Acurrucada de manera segura en la maleta de Bo estaba esta oración llena de escrituras.

Ahora a los dieciséis, gracias al trabajo que Dios hizo por medio de su Palabra y la oración, Bo es un joven esforzado y valiente.

Wendy Blight es una conferenciante nacional con Proverbs 31 Ministries y es autora de *Hidden Joy in a Dark Corner* [Gozo escondido en un rincón oscuro] y *Living So That: Making Faith-Filled Choices in the Midst of a Messy Life* [Vivir de forma que: Cómo tomar decisiones llenas de fe en medio de una vida desastrosa]. Wendy, su esposo y sus dos hijos viven en Charlotte, Carolina del Norte.

8

CUANDO BUSQUE A DIOS

Y yo os digo: Pedid, y se os dará; buscad, y hallaréis; llamad, y se os abrirá. Porque todo aquel que pide, recibe; y el que busca, halla; y al que llama, se le abrirá.

Lucas 11:9-10

> Como el ciervo brama por las corrientes de las aguas, así clama por ti, oh Dios, el alma mía. Mi alma tiene sed de Dios, del Dios vivo.
>
> Salmos 42:1-2

> Respondió Jesús y le dijo: Cualquiera que bebiere de esta agua, volverá a tener sed; mas el que bebiere del agua que yo le daré, no tendrá sed jamás; sino que el agua que yo le daré será en él una fuente de agua que salte para vida eterna.
>
> Juan 4:13-14

SEÑOR:

Venimos a este mundo con una sed en nuestro corazón que nunca se siente saciada. Buscamos "agua" en la prosperidad financiera, una carrera exitosa, alabanza y popularidad, logros deportivos y nuestra apariencia física. No obstante, después de haber llenado nuestra copa con todas estas cosas, nuestro corazón permanece tan seco y sin vida como cuando comenzamos.

Crea un profundo deseo en mi hijo por ti y solo por ti. Enséñale que solamente encontrará verdadera satisfacción en ti. Ayúdalo a descubrirte, a conocerte personalmente y a caminar contigo fielmente todos los días de su vida. Guárdalo de tratar de reemplazarte con cosas que solo pasarán y lo dejarán decepcionado.

Permítele a mi hijo experimentar tu agua viva; tu salvación por medio de Jesucristo. Muéstrale tu fidelidad a través de oraciones respondidas, el aliento de la Biblia y tus planes buenos y perfectos para su vida. Que descubra que la respuesta a todos sus anhelos yace solo en ti.

Lléname también con un profundo anhelo por ti. Guárdame de ignorar mi sed cuando me haya vuelto distante de ti por el tiempo que sea. Guarda mi mente de creer que cualquier sueño, posesión o logro puede reemplazar el gozo de vivir en tu perfecta voluntad. Ayúdame a enfocarme en ti en lugar de distraerme con el trabajo, las relaciones y los medios de comunicación que claman por mi atención. Que siempre seas mi más grande amor y el tesoro de mi corazón.

Dale a mi hijo una relación auténtica contigo que sea tan real para él como cualquier cosa que pueda ver con sus ojos. Emociónalo tanto con conocerte que este apasionado por compartir tu agua viva con otros buscadores. Dale oportunidades de contar cómo has respondido oraciones y le has dado regalos maravillosos. Que continúe buscándote todos los días de su vida, con un deseo insaciable por conocerte más y más. Que te alabemos juntos por tu gran amor que nos permitió encontrarte y ser salvos. Amén.

9

CUANDO DEBA SOMETERSE A LA AUTORIDAD

Sométase toda persona a las autoridades superiores; porque no hay autoridad sino de parte de Dios, y las que hay, por Dios han sido establecidas. De modo que quien se opone a la autoridad, a lo establecido por Dios resiste; y los que resisten, acarrean condenación para sí mismos. Porque los magistrados no están para infundir temor al que hace el bien, sino al malo. ¿Quieres, pues, no temer la autoridad? Haz lo bueno, y tendrás alabanza de ella.

Romanos 13:1-3

Obedezcan a sus líderes y sométanse a ellos, porque los cuidan a ustedes como quienes tienen que rendir cuentas. Obedézcanlos para que ellos cumplan su trabajo con alegría y sin quejarse, pues el quejarse no les trae ningún provecho.

Hebreos 13:17, NBV

SEÑOR:
Con cada año que pasa mi hijo se apasiona por más libertad e independencia. Espera ganar sus propios ingresos, conducir un vehículo, ir en pos de la aventura y responsabilizarse por sus propias decisiones. No obstante, nunca llegará el día en que esté sin autoridad y sin límites en su vida.

Gracias por nuestro gobierno que brinda seguridad por medio de las leyes y la protección militar. Ayuda a mi hijo a tratar a la policía y a los líderes electos con respeto. Dale dominio propio para obedecer las reglas y normas de nuestro país y nuestra comunidad. Guarda su corazón de la rebelión o de negar a las autoridades que has puesto. Que se someta con una actitud de rendición a ti.

Ayuda a mi hijo a ver que la sumisión trae libertad propia. Evitará las dolorosas consecuencias de una reputación arruinada, la pérdida de ingresos, propiedad dañada y lesiones personales. Será libre para disfrutar respeto, libertad y seguridad.

Guarda a mi hijo de los que podrían influenciarlo a romper la ley, porque "las malas conversaciones corrompen las buenas costumbres" (1 Corintios 15:33). Hazlo consciente de cómo terminaría en el lugar equivocado en el momento equivocado, siendo encontrado culpable por asociación con la multitud.

Comienza a moldear las actitudes de su corazón hoy. Dale un espíritu respetuoso hacia sus maestros y entrenadores. Que practique la obediencia en casa como preparación para someterse a líderes futuros en su vida. Trae recompensas y felicitaciones por su obediencia, para que pueda ver que vivir en tus caminos resulta en bendición.

Que la sumisión de mi hijo provenga de un compromiso de vivir para ti. Que te ame con todo su corazón y desee agradarte de toda manera. Que su vida permita una conciencia limpia para que pueda caminar delante de cada autoridad con paz y confianza.

Bendice a los que cuidan de mi hijo cada día. Que tengamos gozo en su obediencia. Guíanos por tu Espíritu para enseñarlo bien y protegerlo con diligencia.

Gracias por tu gran amor y cuidado por mi hijo. Amén.

10

CUANDO PASE POR UNA TORMENTA

Aquel día, cuando llegó la noche, les dijo: Pasemos al otro lado. Y despidiendo a la multitud, le tomaron como estaba, en la barca; y había también con él otras barcas. Pero se levantó una gran tempestad de viento, y echaba las olas en la barca, de tal manera que ya se anegaba. Y él estaba en la popa, durmiendo sobre un cabezal; y le despertaron, y le dijeron: Maestro, ¿no tienes cuidado que perecemos? Y levantándose, reprendió al viento, y dijo al mar: Calla, enmudece. Y cesó el viento, y se hizo grande bonanza. Y les dijo: ¿Por qué estáis así amedrentados? ¿Cómo no tenéis fe? Entonces temieron con gran temor, y se decían el uno al otro: ¿Quién es éste, que aun el viento y el mar le obedecen?

Marcos 4:35-41

DIOS TODOPODEROSO:

Tú conoces la tormenta que experimenta mi hijo. Tiene temor a causa de sus circunstancias; siente que se verá abrumado con más de lo que pueda manejar. Se siente solo en su lucha y algunas veces se pregunta si sus oraciones marcan una diferencia. Algunas veces trata simplemente de poner una cara valiente, como si batallar significara que es débil o un fracaso. No está seguro de cómo expresar cómo se siente, así que actúa de maneras problemáticas y hace que sea difícil acercarnos a él.

Podemos ser como los discípulos, y creer que Dios está dormido y que ignora por lo que pasamos. O viene una tormenta y nos esforzamos por "achicar la barca" y resolver el problema por nosotros mismos. No es sino hasta que agotamos nuestros esfuerzos y que perdemos la esperanza que por fin acudimos a ti por ayuda.

Guía a mi hijo en cómo encontrarte en esta lucha. Muéstrale cómo estás cerca y lleno de amor por él. Tú eres fuerte y amable; ¡lo suficientemente poderoso para rescatarlo y lo amas lo suficiente para querer hacerlo! Que esta dificultad en particular por la que mi hijo pasa se convierta en una historia de tu bondad en su vida.

Danos fuerza para creer que usas cada dificultad finalmente para nuestro bien. No quieres que solo sobrevivamos; quieres mostrar tu poder y traer perfecta paz. Prometes enseñarnos perseverancia, crecer en nuestra fe y mostrar tu gloria a través de cada dificultad que se nos presente. Que mi hijo encuentre gozo, al saber que este dolor temporal profundizará su conocimiento de ti.

Úsame para ayudar y animar a mi hijo. Guarda su corazón de duda. Fortalece su fe de modo que esté más seguro de ti que de ninguna otra cosa en el mundo. Gracias por tu poder y amor. Amén.

11

CUANDO NECESITE DECIR LA VERDAD

Mejor es lo poco con justicia que la muchedumbre de frutos sin derecho.

Proverbios 16:8

Ninguna adversidad acontecerá al justo; mas los impíos serán colmados de males. Los labios mentirosos son abominación a Jehová; pero los que hacen verdad son su contentamiento.

Proverbios 12:21-22

> No mintáis los unos a los otros, habiéndoos despojado del viejo hombre con sus hechos, y revestido del nuevo, el cual conforme a la imagen del que lo creó.
>
> Colosenses 3:9-10

SEÑOR:

Es un desafío para mi hijo decir la verdad en ciertas situaciones. Puedo verlo combatir la tentación de mentir con el fin de evadir la responsabilidad, impresionar a otras personas, evitar consecuencias e incluso hablar mal de otros. Necesita tu ayuda para guardar su mente, palabras y acciones de rendirse a la deshonestidad.

Cuando mi hijo prefiera ir en pos de su propia diversión que trabajar duro en sus quehaceres o deberes, dale integridad para hacer su mejor esfuerzo en el trabajo que tiene a la mano. Guárdalo de utilizar el engaño para cubrir cualquier falta de responsabilidad. Si falla en hacer lo que se requiere, dale la humildad para reconocerlo y la fuerza para trabajar con todo su corazón en el futuro.

Mi hijo siente la presión de destacarse y ser el mejor. Guarda sus palabras de adornar sus talentos o logros. Que celebre los logros de los demás y aliente a sus hermanos, compañeros de clase y compañeros de equipo. Que nunca presente una imagen falsa en un intento por atraer alabanza a sí mismo.

Cuando mi hijo tome una decisión equivocada o necesite corregir su actitud, dale un corazón de humildad que esté dispuesto a aceptar la disciplina. Guárdalo de esconder sus errores y que sea rápido en confesar cualquier transgresión. Dale la valentía de enfrentar las consecuencias de su comportamiento en lugar de negar o minimizar lo que ha hecho.

Algunas veces un espíritu competitivo puede nublar el juicio de mi hijo. Guárdalo del orgullo que resiente las habilidades y las bendiciones que otros tienen. Que tenga palabras amables y generosas para otros en lugar de mentiras o calumnias que hieran sus sentimientos o su reputación.

Úsame como un ejemplo de honestidad en la vida de mi hijo. Que nunca comprometa mi integridad a través del chisme, pequeñas mentiras blancas, exageraciones o promesas falsas. Hazme una persona que cumpla su palabra, así como siempre eres fiel y veraz conmigo.

Gracias por renovarnos y poner tu verdad en nuestra mente y corazón. Amén.

12

CUANDO NECESITE SABIDURÍA

Bienaventurado el hombre que halla la sabiduría, y que obtiene la inteligencia; porque su ganancia es mejor que la ganancia de la plata, y sus frutos más que el oro fino. Más preciosa es que las piedras preciosas; y todo lo que puedes desear, no se puede comparar a ella. Largura de días está en su mano derecha; en su izquierda, riquezas y honra. Sus caminos son caminos deleitosos, y todas sus veredas paz. Ella es árbol de vida a los que de ella echan mano, y bienaventurados son los que la retienen.

Proverbios 3:13-18

El principio de la sabiduría es el temor de Jehová; buen entendimiento tienen todos los que practican sus mandamientos; su loor permanece para siempre.

Salmos 111:10

Y si alguno de vosotros tiene falta de sabiduría, pídala a Dios, el cual da a todos abundantemente y sin reproche, y le será dada.

Santiago 1:5

SEÑOR:

Navegar por las decisiones y preguntas de la vida es demasiado confuso para que mi hijo lo maneje por su propia cuenta. ¿En qué clases debería inscribirse? ¿Qué deporte, instrumento musical o membresía a un club debería procurar? ¿Qué amigos serán la mejor influencia y los más divertidos con los cuales pasar el tiempo? ¿La lección de ciencias en la escuela compagina con la historia de la Biblia sobre la Creación? ¿Cómo debería ser su participación en la iglesia? ¿Vale en realidad la pena guardar la intimidad sexual para el matrimonio? Hay tantas opciones y mensajes que se le presentan que necesita tu ayuda con desesperación.

Gracias por prometernos darnos sabiduría siempre que la pidamos. Nos das la libertad de recurrir a ti para pedírtela, y sabemos que nos la darás "abundantemente y sin reproche". Enséñale a mi hijo a buscarte por tu verdad y sabiduría para esta vida. Dale oídos para escuchar tu voz sin importar lo fuerte que el mundo pueda tratar de ahogarte.

Bendice a mi hijo con sabiduría y entendimiento mayores a su edad. Ayúdalo a encontrar tu camino. Que te tema en su corazón y que te obedezca en todo. Llénalo con tu Espíritu para que pueda discernir lo bueno de lo malo y conozca tu voluntad para cada decisión que pueda enfrentar.

Úsame como un ejemplo por la manera en que busco tu sabiduría para mi vida. Que tenga un corazón humilde y obediente que busque tu perfecta voluntad en cada situación. Muéstrame cómo puedo servirte mejor en mi hogar y comunidad, cuándo tomar nuevos desafíos y cuándo decir que no y cómo mostrarle a mi hijo el amor de Cristo. Mantenme fiel en oración y en el estudio de tu Palabra para que pueda descubrir tu perspectiva y tu verdad. Úsame para alentar a mi hijo a buscarte cuando haya una decisión o desafío delante de él. Enséñanos a ambos a esperar en ti cuando pidamos sabiduría, y que confiemos en que responderás en lugar de adelantarnos a hacer las cosas a nuestra manera.

Gracias por tu Palabra que da un consejo perfecto. Danos tus pensamientos y tu verdad para que sepamos qué hacer y a dónde te gustaría que fuéramos. Que seamos plenamente tuyos y vivamos en tus caminos. Amén.

Una historia de oración

Mi hijo Joshua y yo batallamos el uno con el otro. Él puede ser tierno más allá de lo que uno puede creer y yo me aferro a esos momentos. Pero cuando está molesto, ay, es menor caminar con cuidado a su alrededor.

Uno de los momentos "molestos" de Joshua sucedió cuando llegó a casa tarde para cenar… otra vez. Sí, había llamado por teléfono para avisar (cuando ya se había retrasado) y había presentado su excusa, pero ya eran demasiadas veces. Sus razones para llegar tarde nunca parecían ser "su culpa" y a pesar de que se aferró a la misma historia en esta ocasión, mi esposo y yo decidimos que necesitaba ser disciplinado; o iba a hacerse de un muy mal hábito, así que no le dimos permiso de salir con sus amigos durante algunos días. Y no quedó muy feliz con nosotros. *Qué bien*, pensé. *¡Espero que aprenda a administrar mejor su tiempo!*

A la hora de irse a dormir, esa misma noche, Joshua y Matthew, mi hijo menor, estaban comportándose de una manera inadecuada. Y les llamé la atención a ambos varias veces. Pero Joshua siguió presionando, haciendo lo que sabía que no debía hacer, se siguió acercando al límite y finalmente se lo saltó. Le quité su tiempo de usar la computadora tres días (comencé con quitarle un día, pero siguió adelante, así que yo también).

Entonces llegó la hora de darnos las buenas noches. Visité a mi hija Elizabeth y a Matthew primero para darle a Joshua un poco de tiempo para calmarse. En retrospectiva, creo que necesitaba haber esperado hasta la mañana para tener una conversación racional con él. Pero no tenía la retrospectiva en ese momento (¡piense en eso por un minuto!), así que fui a su habitación a darle las buenas noches.

Lo escuché darme una diatriba acerca de cómo había arruinado su día, cómo era injusto que lo hubiera castigado con no salir y con no usar la computadora, y cómo no estaba haciendo un buen trabajo de crianza. Continuó con decirme que mi disciplina NO le iba a enseñar nada. Me dijo que NO iba a aprender nada de ella y que NO cambiaría su comportamiento. Dijo que solo iba a servir para hacer que NO le simpatizara más. Y volvió a afirmar que yo NO era una buena madre.

Traté de decirle que entendía que no le hubieran gustado mis decisiones, pero que esperaba que aprendiera de ellas y que un día entendería que estaba tratando de hacer lo mejor al tratar de criarlo para que fuera responsable y respetuoso porque lo amo y quiero cosas buenas para su vida. No estaba interesado en escuchar y caí en cuenta de que no estaba haciendo nada para mejorar la situación, así que le di las buenas noches y salí de su habitación.

Al salir oré que Dios ayudara a Joshua a entender que yo estoy a su favor y no en su contra. Y fue cuando Dios me guio a una nueva oración. Por algún tiempo había estado orando —en medio de mis luchas con Joshua— *Señor, muéstrame su corazón.* Esta oración llegó como sugerencia de una conferenciante que escuché una vez mientras animaba a la audiencia a buscar entender en medio del conflicto. Yo quiero entender a mi hijo. Yo quiero ver su corazón. Pero esta vez, al hacer esa oración, le añadí: *Y, Señor, muéstrale MI corazón.*

Han sido ya casi cinco años desde ese incidente con Joshua. Él ahora tiene dieciséis. Y aunque todavía tenemos nuestros conflictos, Dios ha hecho algo que me deleita por completo.

De vez en vez nuestra familia comenta acerca de cómo mi marido y yo hemos escogido criar a nuestros hijos. Hubo un tiempo en el que Joshua se quejaba del hecho de que sus amigos la habían tenido más fácil que él, pero en fechas muy recientes mi hijo ha reconocido que entiende que estábamos tomando estas decisiones por su bien. Ya no parece verme como el enemigo. (¡Por lo menos no todo el tiempo!) Sinceramente, no le puedo dar el crédito del cambio en Joshua a nada más que a un Dios muy fiel. No tengo idea de cuántas veces he hecho esa oración a lo largo de los años, pero confío en que Dios está, en verdad, mostrándole mi corazón.

Karen Hossink es una conferenciante popular en grupos de mamás y es autora de *Confessions of an Irritable Mother* [Confesiones de una madre irritable] y *Finding Joy: More Confessions of an Irritable Mother* [Encuentre el gozo: más confesiones de una madre irritable]. Conozca más acerca de Karen en www.irritablemother.com y www.surviving-motherhood.blogspot.com.

13

CUANDO NECESITE VALENTÍA PARA VIVIR PARA DIOS

Mira que te mando que te esfuerces y seas valiente; no temas ni desmayes, porque Jehová tu Dios estará contigo en dondequiera que vayas.

Josué 1:9

De manera que podemos decir confiadamente: El Señor es mi ayudador; no temeré lo que me pueda hacer el hombre.

Hebreos 13:6

Amados, no os sorprendáis del fuego de prueba que os ha sobrevenido, como si alguna cosa extraña os aconteciese, sino gozaos por cuanto sois participantes de los padecimientos de Cristo, para que también en la revelación de su gloria os gocéis con gran alegría. Si sois vituperados por el nombre de Cristo, sois bienaventurados, porque el glorioso Espíritu de Dios reposa sobre vosotros.

1 Pedro 4:12-14

SEÑOR:

Mi hijo siente mucha presión por ser aceptado por los muchachos a su alrededor quienes consideran las malas palabras y el humor vulgar como una insignia de masculinidad. Para ellos los juegos violentos y las películas con clasificación restringida pueden representar un falso sentido de madurez. Se sienten importantes y orgullosos cuando desafían a los adultos y a las figuras de autoridad o les faltan al respeto. Se requiere valentía para que mi hijo viva conforme a tus caminos, en especial cuando tiene que andar por ellos solo. Dale a mi hijo la fuerza de vivir para ti sin transigir.

Equípalo para mantenerse firme en su fe, porque: "¿Con qué limpiará el joven su camino? Con guardar tu palabra" (Salmos 119:9). Dale la seguridad de tu presencia para que, incluso si se siente dejado fuera y solo, pueda saber que estás con él.

Revélale la asombrosa verdad de que recibirá una recompensa tuya por cada vez que sea insultado por seguirte. Derrama tus bendiciones en su vida como un consuelo y aliento para seguir adelante. Guarda su corazón del temor; ningún insulto o rechazo se compara con la gloria que tienes preparada para tus hijos.

Muéstrame cómo animar a mi hijo. Ayúdame a celebrar con él cada vez que vea tu mano en su vida. Dame sabiduría para ayudarlo a encontrar amigos y mentores que se levanten firmes con él para hacer lo correcto. Que yo camine a su lado en nuestra jornada de fe para que no tenga que caminar solo.

Que te obedezcamos porque te amamos sobre todo lo demás. Guárdanos de vivir cumpliendo las reglas solo para sentirnos bien con nosotros mismos o para sentirnos superiores a los demás. Que vivamos por el poder del Espíritu, más que por nuestros esfuerzos débiles para hacer lo correcto. Sé nuestro ayudador, nuestra fuerza, nuestra valentía. Y que nos acerquemos más al corazón de Cristo cada vez que paguemos un precio por seguirte. Amén.

14

CUANDO ESTÉ POR CAER EN UNA ADICCIÓN

¿No sabéis que si os sometéis a alguien como esclavos para obedecerle, sois esclavos de aquel a quien obedecéis, sea del pecado para muerte, o sea de la obediencia para justicia? Pero gracias a Dios, que aunque erais esclavos del pecado, habéis obedecido de corazón a aquella forma de doctrina a la cual fuisteis entregados; y libertados del pecado, vinisteis a ser siervos de la justicia.

Romanos 6:16-18

Mis ojos están siempre hacia Jehová, porque él sacará mis pies de la red.

Salmos 25:15

SEÑOR:

Este mundo es un lugar quebrado y doloroso para que mi hijo lo navegue mientras crece. Experimentará enfermedades físicas y lesiones. Los amigos de confianza y la familia quizá traicionen su confianza. Los sueños que tiene para el futuro podrían desmoronarse. Las metas por las que trabaje duro para lograrlas pueden terminar en fracaso. Podría encontrarse solo, en bancarrota, enfermo o decepcionado. A medida que busque maneras de aliviar su dolor o encontrar distracciones de sus problemas, podría terminar buscando en los lugares equivocados.

Guarda a mi hijo de la trampa de la adicción a medida que busca consuelo en este mundo. Los placeres de los alimentos, el alcohol, el sexo, el entretenimiento, las drogas y el dinero pueden ofrecer un desvío temporal del dolor en su corazón. Pero estos mismos placeres se pueden convertir en una trampa que robe su libertad de vivir en tu paz y justicia.

No permitas que el corazón de mi hijo se esclavice a nada ni a nadie excepto a ti. Que encuentre su más grande satisfacción en tu presencia. Dale discernimiento para identificar tentaciones que se le pudieran presentar. Que tenga fuerza de huir "también de las pasiones juveniles", y siga "la justicia, la fe, el amor y la paz, con los que de corazón limpio invocan al Señor" (2 Timoteo 2:22).

Rodea a mi hijo de creyentes que lo animen a andar en tus caminos. Dale la humildad de pedir ayuda si se ve superado por cualquier pecado. Abre mis ojos para ver cualquier área de cautividad que esté en desarrollo en su vida. Muéstrame los límites a establecer para guardarlo de las tentaciones que puedan ser demasiado difíciles de resistir.

Muéstrale a mi hijo que eres su verdadero consuelo. Tú ofreces un futuro de perfecta paz y amor contigo. Tus planes para él son buenos y perfectos. Tú eres su único amigo veraz y fiel. Eres la fuente de todo lo que necesita. Tienes las respuestas a todas sus preguntas. Que mi hijo viva en tu libertad. Mantén sus ojos en ti. Que te ofrezca su vida plenamente y que te obedezca con todo su corazón. Amén.

15

CUANDO NECESITE MANTENERSE PURO

Huyan de la inmoralidad sexual. Todos los demás pecados que una persona comete quedan fuera de su cuerpo; pero el que comete inmoralidades sexuales peca contra su propio cuerpo. ¿Acaso no saben que su cuerpo es templo del Espíritu Santo, quien está en ustedes y al que han recibido de parte de Dios? Ustedes no son sus propios dueños; fueron comprados por un precio. Por tanto, honren con su cuerpo a Dios.

1 Corintios 6:18-20, NVI

Porque la gracia de Dios se ha manifestado para salvación a todos los hombres, enseñándonos que, renunciando a la impiedad y a los deseos mundanos, vivamos en este siglo sobria, justa y piadosamente, aguardando la esperanza bienaventurada y la manifestación gloriosa de nuestro gran Dios y Salvador Jesucristo, quien se dio a sí mismo por nosotros para redimirnos de toda iniquidad y purificar para sí un pueblo propio, celoso de buenas obras.

Tito 2:11-14

SEÑOR:

Parece como si mi hijo se encontrara bajo ataque de incontables fuerzas que podrían robar su inocencia. Es bombardeado por las imágenes y las cubiertas de revista de la tienda de comestibles, por la pornografía que podría aparecer en la pantalla de nuestra computadora a pesar de los controles parentales, por las fotografías de tamaño colosal de modelos en lencería en el centro comercial y por la programación "familiar" en la televisión que retrata la intimidad sexual fuera del matrimonio como buena y normal. Los chicos en la escuela utilizan humor vulgar y comentan acerca del cuerpo de las chicas como si estas preciosas hijas tuyas fueran meramente objetos. Parece un sueño imposible que mi hijo pueda vencer la lujuria y se mantenga firme en su pureza hasta el día de su boda.

Gracias por todas tus maravillosas promesas de gracia para mi hijo. Por tu poder él puede encontrar libertad de las trampas que el mundo ha puesto para derribarlo. Que tu Espíritu esté vivo en su corazón y que le enseñe y lo purifique cada día. Dale pasión por lo que es bueno y que esté listo para huir de cualquier tentación para deshonrar a Dios con su cuerpo.

Dale a mi hijo una imagen clara del gozo que tienes en mente para su futuro. Incluso ahora, crea un corazón de amor hacia su esposa. Prepáralo para apreciarla y honrarla de por vida. Dale una actitud fraterna y de protección hacia cada chica que esté en su vida hoy. Hazlo una persona digna de confianza, para que cualquier mujer se sienta respetada y valorada en sus ojos. Que guarde puro su camino para que pueda tener el gozo de una conciencia clara contigo y en su matrimonio.

Ayúdame a ser sabio en enseñarlo y guiarlo. Dame la valentía para hablar de manera abierta con él acerca de las citas, el sexo y los asuntos del corazón. Muéstrame los límites qué poner para protegerlo de tentaciones que sean demasiado para que las pueda manejar. Que yo sea puro en mi corazón, en mi vida, en cómo hablo, en el entretenimiento que escojo y en mis relaciones para que mi ejemplo delante de mi hijo nunca se vea vulnerado.

Sé que contigo todas las cosas son posibles, incluyendo la protección de la pureza e inocencia de mi hijo. Mantente cerca de él y mantenlo cerca de ti. Amén.

Su relación con su mamá

Con toda humildad y mansedumbre, soportándoos con paciencia los unos a los otros en amor, solícitos en guardar la unidad del Espíritu en el vínculo de la paz.

Efesios 4:2-3

Tiene un agujero que atraviesa su pantalón a la altura de la rodilla izquierda, y está lleno de una vida desgarbada que le brota por todos lados. Muy pronto, este muchacho será un hombre, puedo verlo. Hay una manera en que una madre puede mantener seguro a su hijo, una manera en que puede proteger quién es él con un amor incondicional que se sostiene con una gracia radical. ¿Soy demasiado vieja para aprender?

Ann Voskamp[1]

A lo largo de los años de criar a mis hijos, me he encontrado tomando muchos papeles distintos en su vida. He sido cuidadora y enfermera. Maestra y consejera. Chofer y coordinadora social. Chef y compradora profesional. Aya y proveedora. Compañera de juegos y amiga. A medida que mis hijos han ido creciendo y sus necesidades han cambiado año con año, mi lugar en su vida se ha ajustado también. En momentos de transición, a medida que se vuelven más independientes y capaces, me he tenido que adaptar a volverme menos participativa y darles más libertad.

También he visto que mis hijos necesitan cosas distintas de mí en comparación con la manera en que buscan a mi marido. Él es mucho mejor para jugar con camiones y correr por el patio con los chicos, pero si se lastiman, tienen hambre o quieren saber cuál es el plan del día, vienen directo conmigo. He llegado a caer en cuenta de que no tengo que ser todas las cosas para ellos; se benefician de una variedad de experiencias con los que los aman.

Parece que hay dos cosas que en especial llegan al corazón de mis hijos: el cuidado físico y los elogios. Es una frase trillada decir que el camino al corazón de un hombre es su estómago, pero mis hijos se sienten amados por mí cuando la cocina está surtida de bolsas de manzanas y tarros de mantequilla de maní tamaño familiar. ¡Añada un poco de leche con chocolate y rosquillas a la mezcla y entonces *realmente* se sienten abrigados por dentro! Para mi hijo mayor saber que su uniforme de trabajo ha sido lavado y planchado, su champú ha sido reemplazado antes de que se termine y la luz de la entrada estará encendida cuando llegue tarde a casa le comunica que me interesa y que es importante para mí.

A lo largo de los años he visto cuántas de mis palabras han tenido un impacto en mi hijo mayor. Significa mucho para él cuando me escucha decirle a mis amigas y parientes lo orgullosa que estoy de su duro trabajo. Cuando corrijo a sus hermanas por ser descorteses con él o si le pido su opinión acerca de una decisión que estoy enfrentando, eso le dice que es digno de respeto. Todavía quiere saber si me gusta su corte de cabello y me modela sus suéteres nuevos para que le dé mi aprobación. Hay algo único en la honra y afirmación que le doy a mi hijo: afecta su sentido de valía de una manera poderosa.

Para mi chico más joven, los elogios tienen un efecto maravilloso en su comportamiento. Le gusta mostrarme lo duro que puede chutar el balón y las páginas que ilumina en la escuela dominical. Cuando lo felicito por levantar sus juguetes y acariciar a nuestro conejo con suavidad, brilla y se siente motivado a hacer un buen trabajo en la siguiente ocasión. Tanto como puedo, lo aliento con choques de palmas y aplausos. Lo cual le añade una nota positiva a nuestros días que de otro modo podrían sentirse dominados por castigos y regaños.

La Biblia dice que las esposas deben respetar a su marido (Efesios 5:33). Las palabras y el comportamiento respetuoso son significativos también para nuestros hijos varones, y les enseña cómo es una relación de respeto antes de casarse. Le pido a Dios que me dé un espíritu tranquilo y gentil hacia mi marido y que me mantenga libre de una actitud de crítica para que mis hijos puedan tener en vivo delante de ellos una imagen hermosa del diseño de Dios para las relaciones.

Cuando recuerdo las veces en que mi cercanía con mis hijos ha sido probada más, casi siempre se relaciona con cuánta gracia y tiempo reciben de mi parte. Cuando me molesto con rapidez y me enciendo por pequeños errores, ¡corren a cubrirse! Si tengo expectativas poco realistas que van más allá de su experiencia o nivel de madurez, se sienten inseguros y pierden su motivación. Cuando le doy prioridad a la lista de pendientes sobre el tiempo juntos, no se sienten importantes o valorados. La paciencia, la comprensión y el amor incondicional es lo que libera a mis hijos para compartir su corazón y su vida conmigo.

A mis muchachos también les gusta saber que pueden contar conmigo. Si me tomo el tiempo de sentarme quieta junto a ellos, comienzan a hablar y a invitarme a su corazón. El mayor "sueña un pequeño sueño conmigo" acerca del amor, la universidad y sus viajes. Mi pequeño se acurruca bajo mi brazo y me deja jugar con su cabello oscuro ensortijado. Hacemos contacto visual. Compartimos pensamientos y preguntas. Se requiere mucho esfuerzo para aquietarme y solo escuchar cuando tengo que lavar muchos platos y no cesan la secadora de ropa y los correos electrónicos. Pero mis hijos saben que voy a desconectarme de todo lo que clama por mi atención y que simplemente *estaré* con ellos.

Me encanta que puedo hablar con Dios acerca de mi relación con mis muchachos. Lo cual le ayuda a mi corazón a enfocarse en sus fortalezas en lugar de en sus debilidades. Puedo pedirle ayuda para confiar en que Él resolverá las batallas que estén librando en el momento. Me recuerda que importunarlos nunca cambiará su corazón; ¡solamente el Espíritu Santo lo puede hacer! Cuando quiero aferrarme por temor más que dejarlos libres para que descubran la senda de Dios a seguir, me da paz para soltarlos en sus manos. Me motiva a ser su mayor animadora, nunca abandonar la esperanza de que Él puede hacer cosas sorprendentes en ellos y a través de ellos.

Ser madre de chicos ha sido una de las aventuras más gozosas de mi vida. Es increíble experimentar su energía, humor y creatividad. Le pido a Dios que todo lo que haga y diga exprese el gran privilegio que creo es ser su mamá. Y le pido que sepan cuán profundamente los amo, porque son mi tesoro.

16

CUANDO SEA ORGULLOSO

Revestíos de humildad; porque Dios resiste a los soberbios, y da gracia a los humildes.

1 Pedro 5:5

Nada hagáis por contienda o por vanagloria; antes bien con humildad, estimando cada uno a los demás como superiores a él mismo; no mirando cada uno por lo suyo propio, sino cada cual también por lo de los otros. Haya, pues, en vosotros este sentir que hubo también en Cristo Jesús, el cual, siendo en forma de Dios, no estimó el ser igual a Dios como cosa a que aferrarse, sino que se despojó a sí mismo, tomando forma de siervo, hecho semejante a los hombres; y estando en la condición de hombre, se humilló a sí mismo, haciéndose obediente hasta la muerte, y muerte de cruz. Por lo cual Dios también le exaltó hasta lo sumo, y le dio un nombre que es sobre todo nombre, para que en el nombre de Jesús se doble toda rodilla de los que están en los cielos, y en la tierra, y debajo de la tierra; y toda lengua confiese que Jesucristo es el Señor, para gloria de Dios Padre.

Filipenses 2:3-11

PADRE:

Cuando creaste a mi hijo lo bendijiste con muchos talentos y mucho potencial. A medida que crece, descubre nuevas habilidades y las características únicas que lo hacen destacar. Estás equipando a mi hijo para la excelencia y le abres puertas para que tenga éxito.

No obstante, mi hijo ha olvidado que Tú eres la fuente de toda su fuerza y que cualquier inteligencia, habilidad o recompensa proviene de tu mano. Se está volviendo orgulloso. Un sentido de superioridad crece en su corazón.

Este orgullo lo hace arrogante al hablar. Siente que merece atención o favores especiales de los demás. Se da el crédito por sus logros, en lugar de mostrarte gratitud a ti y a los que han invertido en su entrenamiento. Desprecia los logros de los demás y codicia la alabanza para sí mismo.

Este orgullo genera una barrera en su relación contigo y con otras personas. Se encontrará fuera de tu gracia si persiste en esta oposición a ti. Otros resentirán su actitud y perderá su amistad y respeto. Terminará con alejar a los que lo apoyan más.

Suaviza a mi hijo y crea un espíritu de humildad en su corazón. Dale entendimiento para ver que Tú eres su Creador y la fuente de toda buena dádiva en su vida. Enséñale gratitud por las habilidades que le has dado y las puertas que has abierto para que vaya en pos del éxito. Que aplauda con sinceridad los logros de los que están a su alrededor. Que Tú recibas la gloria por cada victoria que celebre.

Dame la sabiduría de saber cómo animarlo al mismo tiempo de orientarlo hacia ti. Úsame como un ejemplo de humildad y servicio a los demás. Que yo sea completamente obediente a ti; preocupada por los problemas e intereses de otros y por alabar tu nombre en cada situación.

Saca esta semilla de orgullo del corazón de mi hijo antes de que se arraigue profundamente en su carácter. Restaura su habilidad de ver tu poder y autoridad en su vida. A medida que comience a verte como el dador de todas las cosas buenas, que te ame más y más. Que confiese que Jesucristo es el Señor y que te entregue su camino. Amén.

17

CUANDO ESTÉ DE DUELO

Cercano está Jehová a los quebrantados de corazón; y salva a los contritos de espíritu.

Salmos 34:18

Tampoco queremos, hermanos, que ignoréis acerca de los que duermen, para que no os entristezcáis como los otros que no tienen esperanza. Porque si creemos que Jesús murió y resucitó, así también traerá Dios con Jesús a los que durmieron en él.

1 Tesalonicenses 4:13-14

Bendito sea el Dios y Padre de nuestro Señor Jesucristo, Padre de misericordias y Dios de toda consolación, el cual nos consuela en todas nuestras tribulaciones, para que podamos también nosotros consolar a los que están en cualquier tribulación, por medio de la consolación con que nosotros somos consolados por Dios. Porque de la manera que abundan en nosotros las aflicciones de Cristo, así abunda también por el mismo Cristo nuestra consolación.

2 Corintios 1:3-5

PADRE:

Mi hijo nunca había encontrado una pérdida dolorosa como la que ha experimentado ahora. Sufre y se encuentra confundido. Hace preguntas difíciles y batalla con el remordimiento. No sabe cómo avanzar. No está seguro de cómo expresar sus emociones o si alguien lo comprende. Tiene miedo de que sentir este tipo de tristeza sea una señal de debilidad.

Tú sabes exactamente cómo se siente. Has sufrido de maneras que no podríamos comprender jamás. Esta situación es parte de tu plan y Tú estás en control. Estás cerca y nos ofreces compasión y consuelo a manos llenas a cada uno de nosotros.

Usa esta experiencia para revelar tu corazón de amor por mi hijo. Que descubra que eres tan cercano como prometes. Que sienta tu presencia de una manera poderosa como nunca. Dale fe para orar a ti, y plena certidumbre de que es escuchado.

Asegúrale a mi hijo que: "Por la noche durará el lloro, y a la mañana vendrá la alegría" (Salmos 30:5). Dale esperanza en un futuro eterno contigo donde enjugarás "toda lágrima" de sus ojos (Apocalipsis 7:17). Ayúdalo a ver que en ti encontrará su fuerza y gozo una vez más.

Usa esta experiencia de duelo para generar compasión en él por los que sufren. Que su corazón se vuelva compasivo y comprensivo, con un sentir más profundo de lo que en realidad significan el dolor y el sacrifico de Jesús en la cruz. Trabaja en mi hijo para hacerlo como Cristo; que le dé esperanza y consuelo a los que estén en cualquier tipo de problema.

Muéstrame cómo ministrar a mi hijo en este momento. Dame las palabras de ánimo para edificarlo por tu Espíritu. Úsame como una fuente de amor y ayuda. Permítenos acercarnos más los unos a los otros a medida que llevamos esta carga juntos.

Gracias por tu gran amor y tu promesa: "Y sabemos que a los que aman a Dios, todas las cosas les ayudan a bien, esto es, a los que conforme a su propósito son llamados" (Romanos 8:28). Tú usarás cada aflicción para revelarte a mi hijo y traerle mayor bien del que podría imaginar. Amén.

18

CUANDO NECESITE HONRAR A SUS PADRES

Hijos, obedeced en el Señor a vuestros padres, porque esto es justo. Honra a tu padre y a tu madre, que es el primer mandamiento con promesa; para que te vaya bien, y seas de larga vida sobre la tierra.

Efesio 6:1-3

También debes saber, Timoteo, que los últimos tiempos serán difíciles. La gente amará sólo el dinero y se amará a sí misma; será orgullosa, jactanciosa, blasfema, desobediente a sus padres, ingrata e impía. Serán tan duras de corazón que jamás cederán ante los demás; serán mentirosas, inmorales, crueles y opuestas a todo lo que es bueno. Traicionarán a sus amigos; serán iracundas, vanidosas y preferirán los placeres antes que a Dios. Aparentarán ser religiosas, pero su conducta desmentirá sus apariencias. ¡No tengas nada que ver con esa gente!

2 Timoteo 3:1-5, NBV

SEÑOR:

Por tu gran sabiduría y amor creaste la *familia*. En tu Palabra nos instruyes cómo relacionarnos en nuestro hogar. Parte de tu plan perfecto es que los hijos honren y obedezcan a sus padres.

Si mi hijo se somete a mi autoridad, Tú tienes preparadas bendiciones para él y describes cómo su futuro irá bien y cómo disfrutará una vida más fructífera. Por otro lado, Tú también describes los desafíos que enfrentará en estos días, en los que vivimos un tiempo de rebelión y egoísmo. Los jóvenes menosprecian la disciplina, son irrespetuosos con los adultos y celebran su inmadurez y falta de dominio propio. Mi hijo se siente indeciso entre lo que sabe que está bien —obediencia— y la tentación de rechazar a sus padres e ir por su propio camino.

El tira y afloja entre su voluntad y la mía está generando resentimientos entre nosotros. Estoy cansado de tener que justificar lo que le digo y le pido que haga. Me siento al límite y percibo que puede surgir un conflicto en cualquier momento. Me ignora o discute acerca de casi todo. Puedo sentir su resistencia a mi opinión y su frustración por pedirle que haga las cosas a mi manera. Necesitamos tu ayuda para encontrar unidad y paz de nuevo.

Haz una obra poderosa en el corazón de mi hijo. Vuélvelo hacia a ti y ayúdalo a ver a sus padres como un regalo de tu parte para él. Que mis palabras de corrección y consejo sean recibidas con humildad. Que vea mi corazón de amor que busca guiarlo y protegerlo en lugar de robar su libertad y gozo. Desarrolla confianza entre nosotros para que confíe en mis motivos y se someta a mi autoridad.

Dame sabiduría para saber escoger mis batallas. Que mis palabras sean gentiles y llenas de verdad y de amor. Lléname de misericordia y gracia, así como Tú me muestras paciencia con mis propias debilidades. Guarda mi corazón del resentimiento que espera lo peor y que es rápido en encontrar una falta. Que ande en integridad para que sea digno de respeto. Abre mis ojos a los puntos fuertes de mi hijo y a lo que es digno de alabanza en su vida. Muéstranos el camino a una correcta relación entre nosotros y contigo.

Acerca a mi hijo a ti y dale la mente de Cristo. Amén.

Una historia de oración

La mañana del 20 de marzo de 2012 estaba lista para iniciar mi día con Jesús. La noche anterior fue un tiempo difícil con nuestro hijo adolescente, así que estaba esperando tener mi tiempo a solas con Dios. Me senté en mi cómodo sillón cubierta con una cobija y con mi Biblia y mi libro de devociones sobre mi regazo, mientras subía el vapor de mi taza de café en la mesa junto a mí.

Lo que pensé que sería un tiempo a solas normal de rutina de pronto tomó una dirección distinta por parte de Dios quien me pidió que escribiera con una pluma. Respondí con un argumento rápido de que hago la mayor parte de mis anotaciones en la computadora, no con tinta, pero me hizo sentir la impresión de que me levantara de mi sillón y fuera a conseguir un diario y una pluma. Recordé que tenía un diario sin utilizar que había recibido como obsequio de una amiga el año anterior y que había guardado en un cajón, así que lo busqué y regresé a mi sillón lista para escribir.

De inmediato me sentí instada a escribir un salmo y personalizarlo para mi hijo Aaron. *Fácil*, pensé mientras hojeaba el libro de Salmos. Leí los primeros versículos del Salmo 119 y, a partir de lo que sabía que mi hijo experimentaba, me pareció un salmo apropiado. Comencé a escribir versículo por versículo en las páginas de mi diario, entretejiendo el nombre de mi hijo con cada versículo. A medida que escribía mi mano comenzó a dolerme, así que me adelanté a ver cuántos versículos tenía el Salmo 119. En ese momento, yo no tenía idea de que el Salmo 119 no solo es el salmo más largo, sino también el capítulo más largo de la Biblia. "Qué chistoso eres", le dije a Dios mientras escribía.

Cuando llegué al versículo 126, no pude escribirlo. Me senté allí y simplemente lloré. Después de unos minutos, por fin lo escribí: "Tiempo es de actuar, oh Jehová". No le puedo explicar por qué me sacudió tanto ese versículo, pero como mamá sabía que Dios quería tomar a mi hijo en sus manos, pero yo quería que lo hiciera de una manera más linda.

Por fin, después de dos horas de personalizar los 176 versículos del Salmo 119, calambres en mi mano derecha y dos tazas de capuchino, cerré mi diario y seguí con mi día. Más tarde esa noche mi marido vino a visitarme al trabajo para decirme que dos detectives se habían presentado en nuestra casa para buscar a nuestro hijo quien durante el fin de semana había estado involucrado en un crimen con otros tres hombres. Yo estaba segura de que tenían al chico equivocado, pero la evidencia haría pedazos mi esperanza de que los detectives hubieran cometido un error.

Más tarde esa noche, mientras me preparaba para dormir, recordé el diario. Desperté a mi marido y le leí el versículo. Lloramos, nos tomamos de la mano y oramos por nuestro hijo como nunca. Horas después de descubrir que mi hijo iba a ser acusado de un delito, caí en cuenta de porqué Dios había sentado a esta mamá en su sillón y había interrumpido su rutina matutina. Yo era siempre una mamá que oraba que mi hijo tuviera un "buen día", y en ese día en particular, solo Dios sabía que mi hijo necesitaba que orara con más profundidad y más tiempo, que fuera específica y que incluso derramara lágrimas. Dios necesitaba que irrumpiera en la sala del trono con una petición para que Él actuara, y yo no tenía idea de que, mientras estaba sentada en mi sillón y escribía en mi diario, de hecho estaba en las trincheras por mi adolescente.

Ese día me enseñó cómo orar por mi hijo. Me preparó para el 23 de mayo de 2013, cuando me senté en un juzgado con mi familia y escuché a un juez sentenciar a mi hijo a prisión. Lloré ese día y durante las siguientes tres semanas sin parar, pero también oré por él. Ya no oro que mi hijo tenga un "buen día". En lugar de eso, le pido a Dios que interrumpa su día, así como interrumpió el mío en 2012. Me senté en mi sillón esa mañana lista para seguir mi rutina hasta que Dios cambió mi camino. Sin saberlo, Dios transformó a esta mamá de oraciones débiles y apresuradas en su guerrera de oración personal al dirigirme al campo de batalla. Las trincheras son un mucho mejor lugar que un confortable sillón de comodidad y rutina.

Lelia Chealey es esposa y mamá, y se unió al club de las abuelas dos veces antes de cumplir cuarenta. Es escritora, conferenciante, líder de estudio bíblico y fundadora del congreso para mujeres Refresh My Heart de Nebraska. Puede conectarse con ella en www.leliachealey.com.

19

CUANDO ESTÉ ESTRESADO

No os afanéis, pues, diciendo: ¿Qué comeremos, o qué beberemos, o qué vestiremos? Porque los gentiles buscan todas estas cosas; pero vuestro Padre celestial sabe que tenéis necesidad de todas estas cosas. Mas buscad primeramente el reino de Dios y su justicia, y todas estas cosas os serán añadidas. Así que, no os afanéis por el día de mañana, porque el día de mañana traerá su afán. Basta a cada día su propio mal.

Mateo 6:31-34

Por nada estéis afanosos, sino sean conocidas vuestras peticiones delante de Dios en toda oración y ruego, con acción de gracias. Y la paz de Dios, que sobrepasa todo entendimiento, guardará vuestros corazones y vuestros pensamientos en Cristo Jesús.

Filipenses 4:6-7

PADRE:

Mi hijo tiene que hacer demasiadas cosas a la vez. Se siente presionado por tener éxito académico, estar a la altura de mis expectativas, agradar a sus amigos y obtener todas sus ambiciones. No hay suficientes horas en el día para lograr lo que tiene por delante. Siente que, sin importar lo duro que trabaje, el triunfo simplemente está fuera de su alcance. Se preocupa de que no tendrá lo que requiere hoy. Está cansado. Se siente inseguro. No está seguro de tener lo que se necesita. Dale tu reposo a mi hijo. Ayúdalo a estar quieto y ver que Tú eres Dios (Salmos 46:10). Que te suelte sus esperanzas y planes, que confíe en que lo tienes en tus manos. Que repose en tus promesas de que cuidaras de él y que le suplirás lo que le falte hoy.

Enséñale a mi hijo a correr a ti en oración con cualquier preocupación de su corazón. Dale gratitud por todas las maneras en que lo has ayudado en el pasado. Revélale que eres la fuente de todos sus talentos y habilidades; su éxito comienza y termina en ti.

Gira el corazón de mi hijo hacia ti. Que te busque primero, en lugar de sus propios logros. Que hable contigo en lugar de esforzarse por ir en pos de sus propias esperanzas y sueños. Que viva para darte gloria en lugar de engrandecer su propio nombre. Y en esta rendición de sí mismo que encuentre paz y reposo del trabajo que le pesa hoy. Enséñale a mi hijo a confiar en ti. Conoces sus necesidades y lo que sucederá mañana. Guarda su corazón de duda y su mente de preocupación. Acércalo a ti en oración. Llénalo de una paz que guarde su corazón y su mente en Cristo Jesús.

Gracias por cuidar de nosotros. Que te agrademos en todo y vivamos para ti en cada momento. Amén.

20

CUANDO SEA RECHAZADO

Oísteis que fue dicho: Amarás a tu prójimo, y aborrecerás a tu enemigo. Pero yo os digo: Amad a vuestros enemigos, bendecid a los que os maldicen, haced bien a los que os aborrecen, y orad por los que os ultrajan y os persiguen; para que seáis hijos de vuestro Padre que está en los cielos, que hace salir su sol sobre malos y buenos, y que hace llover sobre justos e injustos. Porque si amáis a los que os aman, ¿qué recompensa tendréis? ¿No hacen también lo mismo los publicanos? Y si saludáis a vuestros hermanos solamente, ¿qué hacéis de más? ¿No hacen también así los gentiles? Sed, pues, vosotros perfectos, como vuestro Padre que está en los cielos es perfecto.

Mateo 5:43-48

SEÑOR:

Tú sabes lo que se siente ser herido y rechazado. Conoces el dolor de ser ignorado, ridiculizado y herido en las maneras más horrorosas. Leemos la historia de la traición y muerte de Jesús y nos dolemos por la injusticia que sufrió.

A causa de ello me consuela saber que te identificas con el sufrimiento por el que podría pasar mi hijo. Quizá experimente mentiras y chismes entre sus compañeros de la escuela. Podría ser dejado de lado cuando los chicos hagan equipos en el patio. El amigo de la cuadra quien mi hijo pensaba que le era leal quizá decida estar demasiado ocupado o que es demasiado maduro para jugar con él. Alguien quizá lo mal entienda y reaccione con enojo y quizá mi hijo se quede solo. Quizá tenga que ver cómo una recompensa que le pertenece legítimamente le sea dada a alguien más. La gente descuidará sus cosas a veces por medio de dañarlas o perderlas.

Parece demasiado difícil obedecer cuando dices: "Amad a vuestros enemigos [...] y orad por los que os [...] persiguen". Pero quiero vivir como tu hijo, y anhelo que mi hijo también sea tu hijo. Danos la fuerza de poner a un lado nuestros deseos egoístas y dales gracia a todos delante de nosotros.

Perfecciona el corazón de mi hijo. Guárdalo de llevar la cuenta de cada ofensa que sufra. No permitas que su mente permanezca pensando en las feas palabras de los demás, imaginándose el comentario sarcástico perfecto que podría haber respondido a cambio. Dale la fuerza para perdonar sea que la otra persona esté arrepentida o no. Guárdalo de vengarse de cualquier forma en contra de los que considera sus enemigos.

Guarda mi corazón para que nunca rechace a mi hijo por medio de mis palabras o acciones. Es imposible para él ser perfecto y quiero que se acepte como es. No siempre vivirá a la altura de mis expectativas, pero nunca quiero que tenga que ganarse mi amor. Que pueda darle gracia, así como como Tú me la das, cuando él batalle o falle en alguna manera. Hazme fiel por tu Espíritu para que él pueda ver un atisbo de tu perfecto amor y devoción en mí.

Llénanos de compasión por todos. Muéstranos como abrirnos a los demás sin importar lo poco amables o agradables que sean. Y de esta manera que seamos tu luz en el mundo. Amén.

21

CUANDO HAGA PLANES PARA EL FUTURO

Fíate de Jehová de todo tu corazón, y no te apoyes en tu propia prudencia. Reconócelo en todos tus caminos, y él enderezará tus veredas.

Proverbios 3:5-6

Así que, hermanos, os ruego por las misericordias de Dios, que presentéis vuestros cuerpos en sacrificio vivo, santo, agradable a Dios, que es vuestro culto racional. No os conforméis a este siglo, sino transformaos por medio de la renovación de vuestro entendimiento, para que comprobéis cuál sea la buena voluntad de Dios, agradable y perfecta.

Romanos 12:1-2

Señor, yo sé que el hombre no es dueño de su destino, que no le es dado al caminante dirigir sus propios pasos.

Jeremías 10:23, NVI

SEÑOR:

Gracias por el futuro que tienes en mente para mi hijo. Me sujeto de tu promesa que dice: "Porque yo sé muy bien los planes que tengo para ustedes —afirma el Señor—, planes de bienestar y no de calamidad, a fin de darles un futuro y una esperanza" (Jeremías 29:11, NVI). Saber que mi hijo está en tus manos me da paz y emoción con respecto a lo que tienes preparado.

Dale a mi hijo un corazón que busque tu voluntad para su vida. Hay tantas posibilidades frente a él —nuevas experiencias y viajes, educación y opciones de trayectoria profesional, romance y amistades— que podría confundirse con qué camino tomar. Que busque tu voluntad y tu sabiduría para saber en qué dirección ir.

Guarda a mi hijo de confiar en su propia prudencia. Que busque consejo sabio y la verdad de tu Palabra. Dale una fe inconmovible para creer que tus caminos y tus planes son perfectos. Que acepte incluso la decepción y el fracaso como tu oportunidad para moldearlo en el hombre que quieres que sea.

Llena a mi hijo con devoción por ti. Que te adore por medio de ofrecer su vida y sus sueños por completo a tu control. Dale fuerza para alejarse del patrón de este mundo que persigue la ganancia personal y el éxito. Dale fe para buscar "primeramente el reino de Dios y su justicia", y que crea que "todas estas cosas os serán añadidas" (Mateo 6:33).

Dame sabiduría sobre cómo alentar a mi hijo a medida que tome sus decisiones y haga sus planes. Muéstrame cómo apoyar el desarrollo de los dones y talentos que le has dado. Que yo busque tu voluntad para su vida en lugar de imponerle mis propios sueños o agenda para su futuro. Ayúdame a valorar lo que *Tú* dices como importante, en lugar de presionarlo para lograr el éxito del mundo y el logro. Que valore su carácter y rectitud más allá de cualquier trofeo u honor que reciba.

Que rindamos nuestro futuro a ti. Danos gozo al descubrir tu perfecta voluntad. Que andemos con fidelidad delante de ti hasta el día en que te veamos cara a cara. Amén.

22

CUANDO TENGA TRABAJO QUE HACER

Hagan lo que hagan, trabajen de buena gana, como para el Señor y no como para nadie en este mundo, conscientes de que el Señor los recompensará con la herencia. Ustedes sirven a Cristo el Señor.

Colosenses 3:23-24

El alma del perezoso desea, y nada alcanza; mas el alma de los diligentes será prosperada.

Proverbios 13:4

Procurar vivir en paz con todos, a ocuparse de sus propias responsabilidades y a trabajar con sus propias manos. Así les he mandado, para que por su modo de vivir se ganen el respeto de los que no son creyentes, y no tengan que depender de nadie.

1 Tesalonicenses 4:11-12, NVI

SEÑOR:

A medida que mi hijo crece en madurez sus responsabilidades también incrementan. Necesita disciplina para continuar con su educación, desarrollar sus habilidades, crecer en fuerza física y terminar sus quehaceres en casa. Es difícil para él resistir la tentación de poner su propia diversión antes de servir a los demás y trabajar con diligencia.

Dale a mi hijo ojos para ver el valor del trabajo en su vida. Dale un sentido de satisfacción por un trabajo bien hecho. Que descubra la verdad de que te sirve en todo lo que hace, más que solo trabajar para agradar a los que están a su alrededor.

Enséñale a mi hijo que su trabajo hoy le traerá recompensas en el futuro. Prométele una herencia como tu siervo. Ganará el respeto de otros por su perseverancia e integridad. Obtendrá independencia por medio de un ingreso bien merecido y de no tener que depender de que otros cuiden de él. Será capaz de seguir los sueños de su corazón sin que su propia falta de motivación lo retenga. Muéstrale a mi hijo que la gratificación temporal del descanso y la relajación le costará los mayores beneficios de un trabajo bien hecho.

Dame sabiduría para saber cuánta responsabilidad puede manejar mi hijo. Es fácil esperar demasiado poco de él, lo cual comunica una falta de confianza y entorpece su crecimiento. Sin embargo, también puedo caer en exigirle demasiado y desalentarlo en sus esfuerzos. Muéstrame cómo puedo brindar oportunidades para que se esfuerce más y ayudarlo a crecer, al mismo tiempo de no cargarlo con expectativas poco realistas. Que yo muestre diligencia en mi propia vida para que pueda liderar con el ejemplo.

Gracias por todo lo que haces para equipar a mi hijo para el futuro. Usa los días de su juventud para enseñarle el gozo de trabajar bien. Dale el entendimiento de que "somos hechura suya, creados en Cristo Jesús para buenas obras, las cuales Dios preparó de antemano para que anduviésemos en ellas" (Efesios 2:10). Llénalo con un sentido de propósito para lograr todo lo que tienes preparado. Amén.

23

CUANDO NECESITE UN BUEN CONSEJO

El camino del necio es derecho en su opinión; mas el que obedece al consejo es sabio.

Proverbios 12:15

Oíd, hijos, la enseñanza de un padre, y estad atentos, para que conozcáis cordura [...] Oye, hijo mío, y recibe mis razones, y se te multiplicarán años de vida. Por el camino de la sabiduría te he encaminado, y por veredas derechas te he hecho andar. Cuando anduvieres, no se estrecharán tus pasos, y si corrieres, no tropezarás. Retén el consejo, no lo dejes; guárdalo, porque eso es tu vida.

Proverbios 4:1, 10-13

PADRE:

Mi hijo está en crecimiento y se vuelve cada vez más independiente. Le gusta resolver las cosas por sí mismo. No siempre piensa bien las cosas y se frustra cuando sus planes se desmoronan. Es difícil para él desacelerar y tomar consejo antes de embarcarse en un nuevo proyecto, trata de establecer sus propias metas y determinar el camino para lograrlas e ignora a los que tienen más experiencia y que se la pueden compartir. Su resistencia a recibir enseñanza y guía genera tensión en casa. Está deteniendo su éxito por rehusarse a recibir la ayuda que se le ofrece. Ha tenido que aprender las lecciones de vida de la manera difícil, lo cual le ha traído luchas y estrés innecesarios.

Dale humildad a mi hijo para recibir instrucción y reconocer que no siempre lo sabe todo. Muéstrale que los padres y los maestros están de su lado. Ayúdalo a ver que aceptar ayuda no es una señal de inmadurez o debilidad; requiere sabiduría y fuerza enfrentar nuestras limitaciones. Llénalo de un espíritu tranquilo que pueda estar quieto y escuchar. Que obtenga entendimiento de modo que pueda andar por el sendero de la vida sin tropezar.

Rodea a mi hijo de maestros excelentes. Dame y a otros adultos en su vida sabiduría por tu Espíritu para saber cómo instruir a mi hijo. Que tenga discernimiento para escoger amigos que muestren buen juicio en lugar de insensatez. Que cada influencia y voz en su vida lo aliente a vivir por tu verdad.

Que mi hijo aprenda a depender de tu Palabra; la fuente perfecta de sabiduría y consejo. Guárdalo del orgullo que confía en sus propias percepciones de cómo deberían ser las cosas. Dale oídos para escuchar tu verdad y guíalo para aplicarlo a su vida. Suaviza su corazón para comprender y reconocer cuando esté equivocado. Que dependa de ti para las fuerzas de hacer lo correcto.

Gracias por ser nuestra fuente de conocimiento perfecto y sabiduría. Que busquemos tu guía en cada situación y procuremos tu voluntad en todo. Amén.

Sus bendiciones

No me des pobreza ni riquezas; mantenme del pan necesario; no sea que me sacie, y te niegue, y diga: ¿Quién es Jehová? o que siendo pobre, hurte, y blasfeme el nombre de mi Dios.

Proverbios 30:8-9

Sé vivir humildemente, y sé tener abundancia; en todo y por todo estoy enseñado, así para estar saciado como para tener hambre, así para tener abundancia como para padecer necesidad.

Filipenses 4:12

Siendo un padre que vive en una tierra de abundancia quiero poder darle a mi hijo cosas buenas. Así como Jesús dijo: "¿Qué hombre hay de vosotros, que si su hijo le pide pan, le dará una piedra? ¿O si le pide un pescado, le dará una serpiente?" (Mateo 7:9-10). Sabemos cómo darles a nuestros hijos lo que necesitan, sea una bolsa con su almuerzo camino a la escuela o un buen abrigo un día frío de invierno. El instinto de un padre para suplir las necesidades de sus hijos es parte integral de cómo nos ha hecho Dios.

Queremos que nuestros hijos tengan lo mejor de todo. No obstante, con frecuencia suponemos que lo mejor para ellos es hacerlos sentir cómodos y bendecidos. Por supuesto, no quiero un hijo flojo que se siente a esperar a que le sean entregados lujos en una bandeja de plata. Pero quiero que tenga buena salud para que pueda trabajar duro y jugar con fuerza. Una mente sólida para aprender y tener éxito académico. Talentos y habilidades que desarrollar y perfeccionar. Una gran personalidad y habilidades sociales para que se presente seguro de sí y sea bien querido. Ingresos suficientes para mantener su casa y disfrutar las cosas materiales que la vida tiene para ofrecer.

Lamentablemente, cuando oro por todas estas bendiciones podría contradecir lo que Dios quiere hacer en la vida de mi hijo. En su sabiduría Él puede proveer desafíos, debilidades y pérdidas para hacer crecer su fe y enseñarle una dependencia mayor de Él. En fechas recientes Rob visitó a una amiga que está batallando contra el cáncer. En la conversación ella citó el versículo que mencioné arriba y dijo: "Creo que a veces pedimos la piedra cuando pensamos que pedimos el pan". Esta amiga continuó diciendo cómo encontró que el cáncer era el pan de Dios para ella. Rob estaba sorprendido de, al estar junto a nuestra querida amiga mientras estaba sentada en la cama del hospital durante el tratamiento de quimioterapia en sus venas, escucharla decir con alegría "¡este es el pan de Dios para mí!". A través de la incertidumbre de su enfermedad se estaba encontrando con Dios de maneras poderosas en medio de su dolor. Ese es el tipo de fe que Dios desea que tenga su pueblo, incluyendo a nuestros muchachos.

En ocasiones me descubro a mí mismo deslizándome al tipo de oración que pide una vida ligera y fácil para mi hijo, porque creo que estoy pidiendo el "pan" para él. Pero Dios quiere, más que nada, tener una relación cercana y personal con mi hijo en la que confíe en Él por completo. Si Dios respondiera cada una de mis oraciones que pide bendiciones, mi hijo podría quedar tan absorto con disfrutar de los dones que podría dejar a un lado al dador. Podría quedar embelesado en perseguir sus sueños en lugar del rostro de su Salvador. Podría confundir la mera felicidad con el verdadero gozo de tener satisfacción en Dios solamente.

Rob recuerda una experiencia en la que el "pan" de Dios significó un camino desafiante para él. De niño se mudaba mucho. En sexto, después de asistir a una escuela distinta casi para cada grado, decidió que estaba harto. No quería invertir en amistades nuevas que tendría que abandonar en un año o dos. Dejó de tratar de conectarse con los muchachos de su nuevo grupo. Se fue a casa para el almuerzo todos los días para evitar a los chicos en la cafetería. Como los chicos tienden a hacerlo, al distanciarse de los demás alumnos y sentir compasión de sí mismo, permitió que la situación creciera en su mente. Se dijo a sí mismo que en realidad ya no necesitaba de nadie y que los demás no querrían conocerlo de todos modos.

Por supuesto, esto era bastante molesto para su mamá: ver a su joven hijo aislado en su casa. Su corazón de madre quería ofrecerle consuelo y seguridad por medio de permitirle seguir yendo a casa para el almuerzo cada día. Pero en su sabiduría podía ver cómo en realidad necesitaba quedarse en la escuela a la hora del almuerzo para conectarse con otros chicos. Ella sabía lo que él necesitaba para crecer y vencer sus temores.

Así que un día le dio dinero para el almuerzo y le dijo

que no podría venir a casa a almorzar ese día. Se quedaría en la escuela y comería en el comedor. El muchacho rogó y lloró, y le dijo que de seguro lo odiaba por hacerlo quedarse en la escuela. Pero ella se mantuvo firme y no cedió. Le dijo que quería que intentara almorzar en la escuela durante una semana y que entonces verían que sucedía. ¡Estoy bastante segura de que oró con todo su corazón durante esa hora del almuerzo todos los días de esa semana!

No sucedió de un día para otro, pero fue el punto de quiebre para que Rob venciera sus temores y comenzara a conocer chicos nuevos. Una vez que saltó ese obstáculo se convirtió en uno de los mejores años escolares de su vida. Quedarse en la escuela probablemente fue una de las cosas más difíciles que su mamá le pidió alguna vez. Fue duro para ambos, pero dejar que lo hiciera a su manera hubiera sido mucho peor. Pedirle que hiciera lo difícil resultó ser lo más amoroso que podríamos haber hecho por él. Con lentitud estoy encontrando la valentía para pedirle a Dios que nunca bendiga a mi hijo en algún área de su vida, si eso le cuesta su cercanía con su Salvador. Algunas veces incluso tengo que orar para que una recompensa o logro sea pospuesto para que pueda aprender a esperar y a depender de Dios. Hay momentos en los que lograr un trofeo, una calificación excelente o una promoción en el trabajo sería lo peor que le podría pasar, porque estimularía el orgullo de mi hijo e impediría su amor por los demás.

Las estadísticas muestran que incluso aunque vivimos en uno de los países más ricos del mundo, nuestra nación tiene unas de las más altas tasas de depresión, suicidio y temor. ¡Es obvio que el dinero no compra la felicidad! Mi hijo encontrará verdadera paz y satisfacción solamente en el Señor. Si buscara encontrarla en el dinero, las relaciones o los éxitos, siempre terminará decepcionado. Dios es lo suficientemente grande como para tomar la soledad, los fracasos y las debilidades de mi hijo y usarlas como bendiciones en su vida si mantiene su confianza en Él.

Necesito la ayuda de Dios para que me guarde de darle demasiado a mi hijo fuera de los mejores planes que tiene para él. El Señor sabe cuándo mis ofrecimientos de ayuda o de pagar sus gastos le harán bien o terminarán alimentando una actitud perezosa o mal agradecida. Se presenta en miles de maneras cada semana: ¿debería él ahorrar su mesada para un boleto de cine o debería yo abrir mi cartera? ¿Debería acompañarlo mientras trabaja en un proyecto de matemáticas o debería dejar que lo saque adelante por sí solo? ¿Una mano de ayuda para quitar las hojas secas del jardín será un acto de bondad o evitará que aprenda a perseverar en un trabajo hasta terminarlo? Sin el discernimiento que me da el Espíritu, estorbaría lo que Dios trata de enseñarle día a día.

La vida es demasiado corta para vivirla solo en nuestro propio placer. C. S. Lewis lo expresó de manera perfecta cuando dijo: "Si consideramos las promesas desvergonzadas de recompensa y la asombrosa naturaleza de los galardones prometidos en los evangelios, parecería que nuestro Señor encuentra nuestros deseos no demasiado fuertes, sino demasiado débiles. Somos criaturas apáticas que perdemos el tiempo con la bebida y el sexo y la ambición cuando se nos ofrece gozo infinito, de una manera similar a un niño ignorante que quiere continuar haciendo tortas de lodo en un barrio marginado porque no se puede imaginar lo que significa la oferta de unas vacaciones en el mar. Somos complacidos con demasiada facilidad".[2]

Que encontremos nuestro mayor gozo en la vida en caminar con Dios para que todo lo demás palidezca en comparación. Pido que nuestro hijo vea este tipo de corazón en sus padres y descubra un corazón plenamente satisfecho solo por Dios.

24

CUANDO NECESITE SER GENEROSO

Que hagan bien, que sean ricos en buenas obras, dadivosos, generosos; atesorando para sí buen fundamento para lo por venir, que echen mano de la vida eterna.

1 Timoteo 6:18-19

Pero esto digo: El que siembra escasamente, también segará escasamente; y el que siembra generosamente, generosamente también segará. Cada uno dé como propuso en su corazón: no con tristeza, ni por necesidad, porque Dios ama al dador alegre. Y poderoso es Dios para hacer que abunde en vosotros toda gracia, a fin de que, teniendo siempre en todas las cosas todo lo suficiente, abundéis para toda buena obra; como está escrito: Repartió, dio a los pobres; su justicia permanece para siempre.

2 Corintios 9:6-9

SEÑOR:

¡Parece que una de las primeras palabras que aprendió mi hijo fue *mío*! Cuando salíamos a jugar en preescolar me la pasaba animándolo a compartir y tomar turnos. Instruí a mi hijo para que diera las gracias por sus obsequios de cumpleaños y de Navidad, y a poner monedas en los recipientes de los que nos pedían dinero durante las fiestas. Año tras año, he alentado la generosidad y la gratitud en cada oportunidad, solo para ver su corazón ser vencido de nuevo por el egoísmo.

Que mi hijo vea que sus posesiones materiales, su casa, su familia, su ropa y sus alimentos son regalos generosos de amor de tu mano.

Que esta conciencia genere gratitud, y que desarrolle profunda compasión en su corazón por los que están batallando. Que siembre generosamente por medio de dar con alegría a los que están a su alrededor. Que abunde "para toda buena obra" por medio de compartir lo que tiene. Que considere cómo les puede traer felicidad a los demás por medio de su amabilidad y consideración.

Cuando mi hijo se aferra con fuerza a lo suyo, envidia las bendiciones de los demás. Quiere ser el primero en la fila y recibir la mayor parte de la atención. Lo frustra tener que esperar por lo que sea que desea. Enséñale a mi hijo la misteriosa verdad de que dar a otros traerá resultados asombrosos. Cualquier pequeña pérdida que sufra ahora por el beneficio de los demás le traerá un tesoro abundante y vida al final.

Que mi propia vida sea marcada por la generosidad. Que dé mi tiempo y dinero por causa de tu nombre. Que muestre hospitalidad y busque de manera activa maneras de bendecir a los demás. Que mis palabras sean llenas de gratitud y alabanza por los incontables regalos que derramas en mi vida cada día.

Danos compasión por los pobres. Que nuestro corazón tenga alegría al dar y compartir. Que busquemos vida en ti en lugar de poner nuestra esperanza en ganar más y más para nosotros mismos. Danos tu corazón de amor por todos, y usa nuestra generosidad para hacer brillar tu luz en las tinieblas. Amén.

25

CUANDO ESCUCHE FALSAS ENSEÑANZAS

Guardaos de los falsos profetas, que vienen a vosotros con vestidos de ovejas, pero por dentro son lobos rapaces. Por sus frutos los conoceréis. ¿Acaso se recogen uvas de los espinos, o higos de los abrojos? Así, todo buen árbol da buenos frutos, pero el árbol malo da frutos malos.

Mateo 7:15-17

Acuérdense de sus dirigentes, que les comunicaron la palabra de Dios. Consideren cuál fue el resultado de su estilo de vida, e imiten su fe. Jesucristo es el mismo ayer y hoy y por los siglos. No se dejen llevar por ninguna clase de enseñanzas extrañas.

Hebreos 13:7-9, NVI

Por eso, de la manera que recibieron a Cristo Jesús como Señor, vivan ahora en él, arraigados y edificados en él, confirmados en la fe como se les enseñó, y llenos de gratitud. Cuídense de que nadie los cautive con la vana y engañosa filosofía que sigue tradiciones humanas, la que está de acuerdo con los principios de este mundo y no conforme a Cristo.

Colosenses 2:6-8, NVI

SEÑOR:

Los mensajes que bombardean la mente de mi hijo todos los días están lejos de tu verdad. Nuestra cultura dice que ir en pos de nuestra individualidad y gratificación es la fuente de la felicidad. Dice que podemos definir el matrimonio y la familia como queramos. Que el mundo creado surgió del azar. Que nuestro valor viene de agradar a la gente en lugar de a ti. Que se debe desconfiar de las autoridades en el mejor de los casos y abiertamente hacer caso omiso de ella en el peor. Que todos los caminos llevan al cielo en lugar de la verdad de Jesús que dice: "Yo soy el camino, y la verdad, y la vida; nadie viene al Padre, sino por mí" (Juan 14:6).

Dale discernimiento a mi hijo para reconocer una falsa enseñanza. Que vea cómo las creencias de una persona son reveladas por sus acciones. Que su fe resista cualquier engaño que pudiera socavar su devoción a Cristo. Dale la valentía para seguirte incluso cuando se sienta fuera de ritmo con el mundo a su alrededor.

Mi hijo está rodeado de confusión y mentiras. Habilita su mente para comprender tu evangelio. Que su fe sea fortalecida por la verdad de tu Palabra. Que su vida espiritual esté arraigada en Cristo más que en tradiciones religiosas superficiales. Dale gratitud por su salvación. Que se tome firmemente de ti cuando el mundo parezca fuera de control.

Que cada palabra que le hable a mi hijo sea verdadera y correcta. Hazme fiel en el estudio de tu Palabra y que la viva en todos los aspectos. Úsame para alentar a mi hijo a vivir una fe que valga la pena ser imitada.

Gracias por ser nuestra Roca. A pesar de que los valores y filosofías del mundo van y vienen, Tú nunca cambias. Mantennos cerca y defiéndenos de las mentiras del enemigo hasta que regreses. Amén.

26

CUANDO SE PREPARE PARA CASARSE

Vosotros, maridos, igualmente, vivid con ellas sabiamente, dando honor a la mujer como a vaso más frágil, y como a coherederas de la gracia de la vida, para que vuestras oraciones no tengan estorbo. *Finalmente, sed todos de un mismo sentir, compasivos, amándoos fraternalmente, misericordiosos, amigables.*

1 Pedro 3:7-8

No os unáis en yugo desigual con los incrédulos; porque ¿qué compañerismo tiene la justicia con la injusticia? ¿Y qué comunión la luz con las tinieblas? ¿Y qué concordia Cristo con Belial? ¿O qué parte el creyente con el incrédulo?

2 Corintios 6:14-15

Maridos, amad a vuestras mujeres, así como Cristo amó a la iglesia, y se entregó a sí mismo por ella.

Efesios 5:25

SEÑOR:

Tú has dicho que no es bueno que el hombre esté solo, sino que harías ayuda idónea para él (Génesis 2:18). Gracias por tu gran amor por mi hijo que desea algún día bendecirlo con una esposa. Por medio de ella podrás traer aliento, consuelo y apoyo a través de cada temporada de su vida juntos.

Te pido que le des sabiduría a mi hijo al escoger a su novia. Dale ojos para ver más allá de la belleza física de una chica porque "el hombre mira lo que está delante de sus ojos, pero Jehová mira el corazón" (1 Samuel 16:7). Enséñale el valor del carácter interno de su esposa que durará toda la vida. Que valore "el incorruptible ornato de un espíritu afable y apacible, que es de grande estima delante de Dios" (1 Pedro 3:4). Desarrolla la valentía y la fuerza de mi hijo para que sea capaz de proteger y servir a su esposa en toda situación. Hazlo un pacificador, rápido para perdonar y paciente con sus debilidades. Dale un espíritu de humildad que pueda admitir cuando esté equivocado y la trate como su igual.

Dale a mi hijo y a su esposa una fe compartida en ti. Sé la cabeza de su casa y que te sigan en obediencia. Únelos como uno solo mientras adoran y crecen en su conocimiento de ti. Úsalos para servirse el uno al otro y a tu iglesia en el nombre de Jesús.

Muéstrame cómo alentar a mi hijo en su matrimonio. Guárdame de cualquier envidia de su dedicación a su esposa. Ayúdame a darles toda mi bendición al establecer sus propias tradiciones, sueños y decisiones. Que todo lo que diga y haga promueva su unidad y felicidad, y que se sientan bien amados en todos los aspectos.

Dale a mi hijo paciencia para esperar a la compañera correcta que tienes en mente. Que esté satisfecho en su soltería y que le permitas tener autoridad sobre su futuro. Ayúdalo y a su novia a guardar su corazón, y que guarden sus vínculos emocionales y físicos el uno para el otro. Que entren a su matrimonio libres de cicatrices, remordimientos y bagaje que robe su gozo y confianza mutua.

Gracias por el amor que le mostrarás a mi hijo a través de su esposa. Lléname de gracia, sabiduría y amor por mi hijo hasta el día en que diga: "Acepto". Amén.

27

CUANDO SE DIVIERTA

Por lo demás, hermanos, todo lo que es verdadero, todo lo honesto, todo lo justo, todo lo puro, todo lo amable, todo lo que es de buen nombre; si hay virtud alguna, si algo digno de alabanza, en esto pensad. Lo que aprendisteis y recibisteis y oísteis y visteis en mí, esto haced; y el Dios de paz estará con vosotros.

Filipenses 4:8-9

Tendré cuidado de llevar una vida intachable, ¿cuándo vendrás a ayudarme? Viviré con integridad en mi propio hogar. Me negaré a mirar cualquier cosa vil o vulgar. Detesto a los que actúan de manera deshonesta; no tendré nada que ver con ellos. Rechazaré las ideas perversas y me mantendré alejado de toda clase de mal.

Salmos 101:2-4, NTV

Y todo lo que hacéis, sea de palabra o de hecho, hacedlo todo en el nombre del Señor Jesús, dando gracias a Dios Padre por medio de él.

Colosenses 3:17

PADRE:

Vivimos en un ambiente con casi maneras ilimitadas de relajarnos y pasarla bien. Mi hijo puede ver películas, jugar videojuegos, competir en deportes, disfrutar la naturaleza, ir a conciertos y salir con sus amigos. Los estantes de las tiendas están llenos de juguetes, dulces y libros, y nuestros dispositivos electrónicos pueden descargar incontables aplicaciones y entretenimiento que ver.

Gracias por crear un mundo con tanto que disfrutar. Sabes que podemos agotarnos con el estrés y las exigencias de nuestro trabajo, y nos brindas momentos de relajación para renovarnos. Has bendecido a nuestra familia con los medios para generar recuerdos de buenos tiempos juntos. Reímos juntos y disfrutamos las experiencias que nos permites compartir.

Ayuda a mi hijo a vivir para ti incluso cuando se divierta. Dale dominio propio para alejarse de cualquier imagen en el cine, videojuegos o en la internet que pudiera robar su inocencia. Nunca permitas que se vuelva insensible a la violencia o el mal presente en tanto del entretenimiento de hoy. Que mantenga su mente pura para que pueda llevar una vida intachable.

Enséñale disciplina a mi hijo en cómo pasa el tiempo. No permitas que los juguetes o actividades en la palma de su mano lo distraigan de sus responsabilidades. Hazlo fiel para que un trabajo bien hecho le traiga tanto gozo como el tiempo invertido en jugar.

Dame sabiduría para saber cómo alentarlo en su trabajo y en encontrar diversión buena y limpia. Muéstrame cómo protegerlo de los "que actúan de manera deshonesta" que podrían hacer tropezar a mi hijo. Muéstrame cómo proveerle los tipos de juego que lo harán más fuerte tanto mental como físicamente. Haz de nuestro hogar un lugar donde amemos tus caminos y busquemos agradarte en todo lo que vemos, escuchamos, leemos y hacemos.

Gracias por mostrarnos cómo deberíamos vivir. Que sometamos nuestro trabajo y entretenimiento a tu control. Amén.

Una historia de oración

Lo más difícil que he tenido que hacer como padre es *esperar.*

Y esa parece ser la respuesta que Dios siempre me da cuando oro por mi hijo Justen. *Espera.*

Cuando tenía problemas de salud de niño y los médicos no podían decirnos cuál era el problema durante años, la respuesta a mis oraciones era: *espera.*

Cuando estaba malhumorado y con cambios de estado de ánimo de adolescente, la respuesta de Dios fue: espera. Y cuando caímos en cuenta de que esos cambios de humor eran más que un asunto pasajero, cuando entendimos que Justen necesitaba ayuda real y nos tomó, no semanas o meses, sino años llevarlo a donde necesitaba estar, la respuesta de nuevo fue esperar.

Cuando Justen tenía diecinueve años estaba teniendo fuertes problemas de respeto en nuestra casa. No ayudaba con las tareas básicas del hogar y tenía una actitud terrible. Esto me pegó duro porque tenía una fecha de entrega para un proyecto que estaba escribiendo y quería con desesperación que todos "se llevaran bien" mientras yo estaba bajo tanta presión.

Le dije a Dios que podía manejar las fechas de entrega del libro y a Justen, pero nada más.

Fue entonces que recibí una llamada de mi mamá. Me lo dijo sin rodeos: tenía cáncer. Y pensé: *No puedo manejar esto, Dios.* Y Dios dijo: "Espera".

Cuando comencé a planificar y a hacer estrategias de cómo iba a ayudar a Justen, estar con mi mamá y terminar mi libro comencé a entrar en pánico. Era demasiado y todo dependía de mí. Y entonces me enfermé de una tos tremenda.

Y fue cuando por fin tuve que admitir que no iba a suceder. No podía arreglar a Justen, no podía escribir, no podía cuidar de mi mamá. Todo lo que podía hacer era preguntarle a Dios por qué, llorar y esperar.

En medio del tiempo más difícil de mi vida, estaba indefensa. Me sentía sola y desesperada. Pero Dios no me había olvidado.

En lo que parecía la centésima conversación con Justen acerca de su vida y sus planes y nuestras frustraciones y todo lo que sucedía en nuestra vida, me miró y me dijo: "¿Por qué no voy a cuidar de mi abuela?".

Honestamente, no podía creer lo que escuchaba. Justen, quien no había podido ver más allá de sí mismo durante años, vio que me estaba hundiendo, vio que su abuela lo necesitaba y salió de sí mismo para ofrecer ayuda.

De pronto, fui abrumada por la esperanza, esperanza de que Dios escucha mi clamor y me responde. Esperanza de que mi mamá pudiera ser atendida y que yo tuviera tiempo para sanar. Y esperanza de que la persona que Justen realmente debía ser estaba enterrada en lo profundo dentro de él y luchaba por salir.

En toda la espera y oración, Dios se siguió mostrando fiel. Aunque no fue nada parecido a como lo hubiera esperado o imaginado, Dios sabía lo que se necesitaría para tomar el corazón de Justen.

Justen ahora tiene veintitrés años. Todos los días vemos señales de la sanidad que se está dando en su vida, pero algunas veces no es lo suficientemente rápida para sus padres. Es cuando recuerdo dónde hemos estado y todo lo que Dios ha hecho, y me recuerdo a mí misma que Dios hace su mayor obra en mi hijo —y en mí— cuando recuerdo esperar.

• •

Kathi Lipp es autora de *Praying God's Word for Your Husband* [Cómo orar la Palabra de Dios por su Esposo] y *Praying God's Word for Your Life* [Cómo orar la Palabra de Dios por su vida]. Es una atareada conferenciante en congresos y retiros quien alcanza miles de mujeres al año. Ha sido invitada a varios programas de radio nacionales, incluyendo *Enfoque a la Familia®*. Ella y su marido tienen cuatro hijos y viven en California. Conozca más en www.kathilipp.com.

28

CUANDO TENGA ALGO QUE DECIR

Porque todos ofendemos muchas veces. Si alguno no ofende en palabra, éste es varón perfecto, capaz también de refrenar todo el cuerpo.

Santiago 3:2

El hombre bueno, del buen tesoro de su corazón saca lo bueno; y el hombre malo, del mal tesoro de su corazón saca lo malo; porque de la abundancia del corazón habla la boca.

Lucas 6:45

El que guarda su boca guarda su alma; mas el que mucho abre sus labios tendrá calamidad.

Proverbios 13:3

Ninguna palabra corrompida salga de vuestra boca, sino la que sea buena para la necesaria edificación, a fin de dar gracia a los oyentes.

Efesios 4:29

PADRE:

Gracias por las maneras en que mi hijo se puede expresar por medio de sus palabras. Se siente tan bien escuchar "te amo" y "gracias" por como lo ayudo todos los días. Su risa y sus chistes me hacen sonreír. Me siento orgulloso cuando comparte una historia de lo que ha aprendido o logrado. Me permites decirle palabras de verdad y aliento. Podemos hablarte acerca de cualquier cosa en nuestro corazón en oración. Y a través de nuestras palabras, nos acercas más el uno al otro y a ti.

Sin embargo, hay muchas ocasiones cuando nos criticamos. Yo puedo ser crítico y áspero al enojarme. Puedo ser irrespetuoso y discutir. Lo he avergonzado por cómo hablo de él con otros. Las palabras deshonestas pueden dañar la confianza entre nosotros. Tanto como nos amamos el uno al otro, lastimamos nuestro corazón por cómo hablamos.

Ayuda a mi hijo a usar sus palabras para bien y no para mal. Dale dominio propio para quedarse callado antes de pronunciar insultos, sarcasmo o quejas. Hazlo una persona de integridad que diga la verdad en lugar de mentiras o exagerar. Llena su conversación con afirmación y ánimo para edificar a los demás. Habilítalo para expresar sus sentimientos, ideas y preguntas para que pueda ser entendido.

Llena el corazón de mi hijo con tu verdad. Ayúdalo a recordar quién es él en ti, de modo que las palabras de inseguridad u odio hacía sí mismo sean silenciadas. Dale tu amor por los demás para que no se sienta tentado a chismear o burlarse de nadie. Almacena tu bondad en su corazón, ya que "de la abundancia del corazón habla la boca".

Que el dominio propio de mi hijo sobre su lengua traiga disciplina a su vida también. Dale madurez más allá de sus años para dominar sus impulsos y vivir por tu Espíritu. Usa a mi hijo como una luz en las tinieblas al decirles palabras de verdad y gracia a todos. Amén.

29

CUANDO NECESITE DOMINIO PROPIO

Como ciudad sin defensa y sin murallas es quien no sabe dominarse.

Proverbios 25:28, NVI

En verdad, Dios ha manifestado a toda la humanidad su gracia, la cual trae salvación y nos enseña a rechazar la impiedad y las pasiones mundanas. Así podremos vivir en este mundo con justicia, piedad y dominio propio, mientras aguardamos la bendita esperanza, es decir, la gloriosa venida de nuestro gran Dios y Salvador Jesucristo. Él se entregó por nosotros para rescatarnos de toda maldad y purificar para sí un pueblo elegido, dedicado a hacer el bien.

Tito 2:11-14, NVI

SEÑOR:

Mientras mi hijo sea un niño necesitará ser guiado y gobernado en casi cada aspecto de su vida. El horario de su escuela y la hora de acostarse se le imponen. Se le instruye qué comer y cómo vestir.

Los deberes escolares y las tareas del hogar de le asignan fuera de su control. Su libertad está limitada por los que están en autoridad sobre él. En su inmadurez como niño necesita que otros le establezcan límites y linderos por su propio bienestar.

No obstante, a medida que crece, toma más y más responsabilidades por sus decisiones y su comportamiento. Tendrá que manejar su vida por su cuenta, decidirá cuando trabajar o dormir, si comerá bien o no, si se ejercitará o no y con quién pasará el tiempo. Sin sabiduría y dominio propio podría caer en hábitos tontos y en pecado que traen destrucción a su vida.

Dale a mi hijo fuerzas para vivir "con justicia, piedad y dominio propio". Guárdalo de ser gobernado por sus emociones; guárdalo de que el enojo, la lujuria y el temor tomen el control. Cuando se la esté pasando bien con amigos que no se deje llevar y termine en situaciones riesgosas que pongan en peligro su seguridad o reputación. Cuando esté detrás del volante dale paciencia y concentración para conducir con seguridad y seguir la ley. Llénalo de energía para trabajar duro y disciplina en su tiempo incluso cuando se sienta tentado a procrastinar. Que tenga un corazón protector y santo hacia cualquier chica con la que salga para que pueda preservar su pureza y mantenerte en primer lugar en su vida.

Ayuda a mi hijo para rendir su propia voluntad a la tuya. Dale dominio propio para obedecer a los que estén en autoridad incluso cuando quizá no esté de acuerdo o no entienda. Que piense antes de hablar y considere el resultado de sus acciones antes de dar un paso. Guarda su corazón de amar lo que el mundo ama, de modo que no sea impulsado por un deseo egoísta por dinero, popularidad o éxito.

Que ponga su pasión en buscarte. Dale un amor por tu Palabra y tu iglesia. Dale el ejemplo de hombres que te sigan con propósito y fuerza. Hazlo estar listo a tu regreso de modo que viva con la expectativa de verte cara a cara. Fortalécelo para que pueda resistir el pecado y que haga lo correcto en cada situación.

Gracias por darnos tu Espíritu que purifica nuestro corazón y nos equipa para vivir con fidelidad para ti. Amén.

30

CUANDO NECESITE CONFESAR

Si decimos que no tenemos pecado, nos engañamos a nosotros mismos, y la verdad no está en nosotros. Si confesamos nuestros pecados, él es fiel y justo para perdonar nuestros pecados, y limpiarnos de toda maldad.

1 Juan 1:8-9

Bienaventurado aquel cuya transgresión ha sido perdonada, y cubierto su pecado. Bienaventurado el hombre a quien Jehová no culpa de iniquidad, y en cuyo espíritu no hay engaño. Mientras callé, se envejecieron mis huesos en mi gemir todo el día. Porque de día y de noche se agravó sobre mí tu mano; se volvió mi verdor en sequedades de verano. Mi pecado te declaré, y no encubrí mi iniquidad. Dije: Confesaré mis transgresiones a Jehová; y tú perdonaste la maldad de mi pecado.

Salmos 32:1-5

SEÑOR:

Puedo ver las señales en mi hijo cuando su conciencia lo está perturbando. Evita hacer contacto visual. Es vago en sus respuestas a las preguntas. Parece distraído y me mantiene distante. Tanto como lamento la distancia entre nosotros, me entristece más los pecados secretos que crearon una brecha en su relación contigo.

Habla al corazón de mi hijo por tu Espíritu. Produce tristeza y remordimiento por lo que haya hecho. Que no tenga paz o reposo hasta que haya confesado su pecado a ti y a mí. Dale la valentía de responsabilizarse por sus acciones. Habilítalo para hacer la obra de enderezar las cosas con quien haya ofendido.

Guarda a mi hijo de culpar a los demás de sus errores. Dale la humildad de reconocer a plenitud sus debilidades y fracasos. Llena su corazón con empatía para comprender cómo sus palabras y elecciones impactan a los que están a su alrededor. Hazlo dispuesto a restaurar su relación contigo y con otros que se preocupan por él.

Prepara mi corazón para escuchar su confesión. Hazme tardo para hablar y tardo para airarme (Santiago 1:19). Así como eres fiel para perdonar, dame compasión y paciencia para que le pueda extender perdón también. Usa mi respuesta para revelarle tu corazón de amor a mi hijo. Usa esta dificultad para acercarnos más el uno al otro y a ti.

Enséñale a mi hijo que la sinceridad y la humildad traen paz y gozo a sus relaciones. Edifica su fe para que corra a ti con cualquier carga que lleva. Ayúdalo a vivir en tu luz en lugar de aferrarse a secretos en la oscuridad.

Dale a mi hijo la bendición de un corazón limpio. Que crezca en su devoción a Cristo a medida que experimenta tu misericordia. Purifícanos en todas las cosas. Amén.

31

CUANDO NECESITE SANIDAD

¿No has sabido, no has oído que el Dios eterno es Jehová, el cual creó los confines de la tierra? No desfallece, ni se fatiga con cansancio, y su entendimiento no hay quien lo alcance. El da esfuerzo al cansado, y multiplica las fuerzas al que no tiene ningunas. Los muchachos se fatigan y se cansan, los jóvenes flaquean y caen; pero los que esperan a Jehová tendrán nuevas fuerzas; levantarán alas como las águilas; correrán, y no se cansarán; caminarán, y no se fatigarán.

Isaías 40:28-31

Bendice, alma mía, a Jehová, y bendiga todo mi ser su santo nombre. Bendice, alma mía, a Jehová, y no olvides ninguno de sus beneficios. El es quien perdona todas tus iniquidades, el que sana todas tus dolencias; el que rescata del hoyo tu vida, el que te corona de favores y misericordias; el que sacia de bien tu boca de modo que te rejuvenezcas como el águila.

Salmos 103:1-5

PADRE:

Es dolorosamente difícil ver a mi hijo sufrir, ya sea por la enfermedad en su cuerpo o en su corazón. Yo con gusto tomaría su herida sobre mí mismo. Él está cansado y desanimado. No entiende por qué tiene que pasar por esto y yo no tengo las respuestas.

Te pido que sanes a mi hijo por tu amor y misericordia. Necesita tu fuerza y tu poder para vencer su debilidad. Restaura su energía, su salud y su esperanza. Que descubra la realidad de ti como sanador y redentor, por la manera en que restaures su cuerpo y su espíritu.

Usa este dolor para incrementar la fe de mi hijo en ti. Que confíe en que estás presente con él y en pleno control de su vida. Que ponga su esperanza plenamente en ti y que crea que Tú saciarás de bien su boca. Ayúdalo a aceptar tu voluntad —que has permitido que sufra— a través de saber que "a los que aman a Dios, todas las cosas les ayudan a bien, esto es, a los que conforme a su propósito son llamados" (Romanos 8:28). Puedes usar cada prueba para acercarlo más a ti y hacerlo más como Jesús.

Ayúdame a soltarte a mi hijo. Caigo en preocupación y duda en lugar de confiar en que cuidas de él. Es tentador tratar de sanarlo con mi propio poder. Puedo poner mi confianza en la sabiduría humana o en los médicos en lugar de en ti. Ayúdame a recordar que mientras Tú trabajas por medio de las manos de los hombres, eres el Sanador último de todo lo quebrado.

Que recordemos que nuestro corazón te necesita incluso más que nuestro cuerpo físico. Eres nuestro redentor, y encontramos perdón en ti. Danos la esperanza de una vida eterna contigo, donde "enjugará Dios toda lágrima de los ojos de ellos [de nosotros]; y ya no habrá muerte, ni habrá más llanto, ni clamor, ni dolor; porque las primeras cosas pasaron" (Apocalipsis 21:4). Danos paciencia para esperar tu sanidad perfecta. Amén.

32

CUANDO SU FE SEA SACUDIDA

Tampoco dudó, por incredulidad, de la promesa de Dios, sino que se fortaleció en fe, dando gloria a Dios, plenamente convencido de que era también poderoso para hacer todo lo que había prometido.

Romanos 4:20-21

Por tanto, no desmayamos; antes aunque este nuestro hombre exterior se va desgastando, el interior no obstante se renueva de día en día. Porque esta leve tribulación momentánea produce en nosotros un cada vez más excelente y eterno peso de gloria; no mirando nosotros las cosas que se ven, sino las que no se ven; pues las cosas que se ven son temporales, pero las que no se ven son eternas.

2 Corintios 4:16-18

Para que os dé, conforme a las riquezas de su gloria, el ser fortalecidos con poder en el hombre interior por su Espíritu; para que habite Cristo por la fe en vuestros corazones.

Efesios 3:16-17

PADRE:

Este mundo es un lugar quebrantado. Vemos la destrucción de los desastres naturales, dolor y muerte por la enfermedad, familias rotas por la traición y el divorcio, la pobreza cruel y los crímenes violentos. No hay donde esconderse de la tragedia; la tribulación nos encontrará sin importar cuánto procuremos la seguridad y la paz.

A medida que mi hijo se vuelve más consciente del mal y de la tristeza en este mundo, eso sacude su confianza en ti. Se hace la difícil pregunta de por qué un Dios amoroso permite que les sucedan cosas terribles a las personas inocentes. Está confundido con respecto a por qué experimenta problemas y decepción incluso cuando trata de hacer lo correcto. El mundo que puede ver con sus ojos parece más real y poderoso que un Dios invisible.

Fortalece la fe de mi hijo para que pueda sostenerse de la fe en tus promesas. No le permitas desanimarse, sino confiar en que las luchas que enfrenta en este momento son solo temporales. Reemplaza su duda con confianza, su herida con consuelo y su confusión con claridad mientras pone sus ojos en ti

Que mi hijo confíe en que estás en verdad en control. Ayúdalo a creer que no te has alejado de su mundo, porque "el Señor no retarda su promesa, según algunos la tienen por tardanza, sino que es paciente para con nosotros, no queriendo que ninguno perezca, sino que todos procedan al arrepentimiento (2 Pedro 3:9). Dale seguridad con la esperanza de que "esperamos, según sus promesas, cielos nuevos y tierra nueva, en los cuales mora la justicia" (v. 13). Sin importar lo oscuro que parezca estar hoy, tus planes para este mundo son perfectos y Tú vienes a hacer todas las cosas nuevas.

Muéstrale cómo nunca desperdicias nuestro dolor. Tú usas cada dificultad para moldearnos a la imagen de Cristo y nos atraes más cerca de ti. Dale poder por medio de tu Espíritu de sostenerse de la fe sin flaquear por incredulidad.

Úsame como una voz de esperanza y ánimo para mi hijo. Hazme constante, que confíe en ti y te alabe en cada situación. Muéstrame cómo compartir tu Palabra para que pueda permanecer en tu verdad.

Gracias por ayudarnos a resistir hoy, capaces de esperar nuestro futuro contigo en gloria para siempre. Amén.

Sus fracasos

Porque siete veces cae el justo, y vuelve a levantarse; mas los impíos caerán en el mal.

Proverbios 24:16

Y me ha dicho: Bástate mi gracia; porque mi poder se perfecciona en la debilidad. Por tanto, de buena gana me gloriaré más bien en mis debilidades, para que repose sobre mí el poder de Cristo. Por lo cual, por amor a Cristo me gozo en las debilidades, en afrentas, en necesidades, en persecuciones, en angustias; porque cuando soy débil, entonces soy fuerte.

2 Corintios 12:9-10

Resuma la vida de Jesús por cualquier otro estándar que no sea el de Dios, y es un fracaso anticlimático.

Oswald Chambers[3]

El temor al fracaso puede ser una fuerza que impulse a nuestros hijos tanto como la esperanza del éxito. Es tentador encontrar su identidad en sus logros y trofeos, de modo que el fracaso significa no solo la pérdida de un sueño, sino la pérdida de su sentido de identidad. Como padres, una de las mayores cosas que podemos enseñarles a nuestros hijos es que el fracaso no tiene que ser una tragedia; de hecho, es una oportunidad para experimentar el poder de Dios en su vida.

Hay una presión intensa al poner a nuestros hijos a tener éxito en cada frente. Sienten que tienen que formar parte del equipo, obtener el papel, alcanzar la nota, asistir a la universidad más prestigiosa, lograr una carrera exitosa, atraer una mujer deseable y mantener una cara de valentía en cada situación. Pueden presionarse tanto por tener todo que pelearán por ello a cualquier costo; incluso si significa sacrificar sus relaciones con sus seres queridos y con Dios mismo.

Podemos ser ejemplo de esta actitud centrada en el logro en nuestra vida como padres. Parecemos incapaces de decir que no cuando se nos pide ser el entrenador del equipo de nuestro hijo o suministrar docenas de galletas para cada venta de pasteles. Traemos a casa trabajo extra de la oficina para agradar a un jefe opresivo. Pasamos horas cosiendo a mano disfraces porque los comprados en una tienda no son suficientemente buenos. Podemos creer que decepcionar a otros o considerar nuestra propia salud y bienestar equivale a fracaso. Esto les comunica a nuestros hijos que apuntalar nuestra imagen es más importante que buscar la voluntad de Dios para cómo invertimos nuestro tiempo y energía.

¿Cuáles son las señales de que nuestros hijos temen fracasar? ¿Usa palabras como "perdedor" o "idiota" para describirse? ¿Se enoja cuando se encuentra en una situación en la que es débil o poco experimentado? ¿Critica las debilidades de los demás, con lo cual indica que mide su valor por su desempeño? ¿Ha "recogido sus juguetes" y se rehúsa a intentar cosas nuevas o abrirse a nuevas amistades? Quizá está decidido a dejar de estudiar o a renunciar al equipo para no tener que decir que lo intentó, pero fracasó al final. Las palabras y elecciones de nuestros hijos pueden decirnos mucho acerca de lo que sucede en su corazón.

Hay esperanza para nuestros chicos porque servimos a un Dios quien usa cada dificultad—incluso el fracaso—para hacernos bien y acercarnos más a Él. Necesitamos permitir que nuestros muchachos conozcan algunas cosas. Primero, el fracaso es universal. "Por cuanto todos pecaron, y están destituidos de la gloria de Dios" (Romanos 3:23). Cada persona en el planeta traicionará su propia conciencia y hará lo malo. No podemos esperar perfección hasta que Jesús regrese y termine su obra de renovarnos. Hasta entonces, necesitamos hacerle saber a nuestros hijos que siempre encontrarán perdón con nosotros y el Señor. Nuestra oración debería ser que nuestros hijos se apropien de la verdad de que "ninguna condenación hay para los que están en Cristo Jesús" (Romanos 8:1).

Lo segundo a enseñarle a nuestros hijos es que el fracaso nunca es desperdiciado. Dios promete tomar cada situación y hacer que "a los que aman a Dios, todas las cosas les ayudan a bien, esto es, a los que conforme a su propósito son llamados" (Romanos 8:28). ¡Algunas veces realmente aprendemos de la manera más difícil! Perder un importante trabajo escolar en el desastre de una habitación puede enseñar una mejor lección que importunarlo por mantenerse organizado. Perderse la fiesta de cumpleaños de un amigo por estar enfermo puede ser más eficaz que nuestra instrucción sobre los beneficios de comer bien y dormir lo suficiente. Pagar una multa por exceso de velocidad y primas más altas del seguro como consecuencia pueden enseñarle dominio propio y obediencia. Dios quiere usar los errores de nuestros hijos para traerlos a una mayor sabiduría y madurez. Tercero, nuestros hijos necesitan saber que no vamos a rescatarlos de cada fracaso. Nuestra empatía natural como padres puede hacer que nos sea difícil dejarlos sentir cualquier dolor. Si los "ayudamos" a terminar el informe de un libro por medio de tomar el asunto en nuestras manos y escribirlo nosotros mismos, estamos poniendo en tela de juicio nuestra integridad y vulnerando su educación. Si abrimos nuestra chequera para cubrir el costo cuando pierde un libro de la biblioteca o se termina sus datos celulares, estamos evitando que aprenda a ser responsable. Si tratamos de influenciar al entrenador para hacerlo obtener un lugar en el equipo, aunque no haya pasado las pruebas, fomentamos un sentido egoísta de merecerlo todo. Algunas veces necesitamos dar un paso de costado para que

Dios pueda usar sus fracasos con el fin de hacerlo crecer en el hombre que Él quiere que sea.

Finalmente, es en nuestro fracaso que experimentamos el amor y la fuerza de Dios en nuestra vida. Cuando llegamos a un punto de debilidad donde simplemente no tenemos lo que se necesita, podemos acudir a Dios por ayuda. Cuando nuestros hijos descubren lo cerca que está Dios de ellos, y cómo aparece cuando están cansados o en problemas, profundizará su confianza. Llevará su fe de solo creer en Dios a experimentarlo en persona.

Algunas veces Dios permite que el fracaso haga brillar su luz en los lugares feos de nuestro corazón. No hay nada como el fracaso para mostrarnos nuestro orgullo, envidia y prioridades equivocadas. Muestra que dependemos de nuestra fuerza y valor. Muestra lo que creemos acerca del amor: ¿es un regalo gratuito de Dios o algo que se deba ganar? Revela la verdadera naturaleza de la relación de nuestros hijos con sus padres cuando mostramos paciencia y comprensión o enojo y crítica.

No amo a mis hijos porque sean asombrosos (¡aunque pienso que lo son!). Los amo porque son míos. Dios no ama a mis hijos o a mí porque seamos perfectos. Nos ama porque somos su pueblo escogido, creado para estar con Él para siempre. Démosles a nuestros hijos la gracia de fracasar sin el temor de perder nuestro corazón. Y a través de nuestro amor incondicional que desarrollen una fe más profunda en el amor incondicional de su Padre celestial.

33

CUANDO NECESITE DISCIPLINA

La vara y la corrección dan sabiduría; mas el muchacho consentido avergonzará a su madre. Corrige a tu hijo, y te dará descanso, y dará alegría a tu alma.

Proverbios 29:15, 17

Instruye al niño en su camino, y aun cuando fuere viejo no se apartará de él.

Proverbios 22:6

Por otra parte, tuvimos a nuestros padres terrenales que nos disciplinaban, y los venerábamos. ¿Por qué no obedeceremos mucho mejor al Padre de los espíritus, y viviremos? Y aquéllos, ciertamente por pocos días nos disciplinaban como a ellos les parecía, pero éste para lo que nos es provechoso, para que participemos de su santidad. Es verdad que ninguna disciplina al presente parece ser causa de gozo, sino de tristeza; pero después da fruto apacible de justicia a los que en ella han sido ejercitados.

Hebreos 12:9-11

PADRE:

Gracias porque por tu gran amor, me corriges y me disciplinas cuando me alejo de ti. Cada límite e instrucción en tu Palabra es para mi bien. Tú eres fiel en enseñarme tus caminos y rescatarme de mi propia insensatez.

Así como me estás trayendo a madurez por tu Palabra y tu Espíritu, me has dado la responsabilidad de instruir a mi hijo. Debo enseñarle lo bueno y lo malo, a obedecerte a ti y a las autoridades en su vida, así como las recompensas y consecuencias de sus decisiones. Debo disciplinarlo en amor, guardarlo del pecado o de las debilidades que se convertirán en un obstáculo en su vida.

Confieso que me puedo resistir a la obra de instruir y corregir a mi hijo. Es difícil permanecer firme cuando discute y se queja. Me confundo acerca de lo que es cierto en diferentes situaciones cuando presenta excusas o niega lo que ha hecho. No siempre confío en mi propio discernimiento para comprender su comportamiento o cómo responder. Algunas veces simplemente es más fácil evitar el conflicto y el duro trabajo de pedirle cuentas.

Descuidar a mi hijo por medio de dejar que haga las cosas a su manera sería desobediencia en mi vida como padre. Fallar en enseñarle tus caminos abrirá la puerta a problemas y dificultades. Dame la valentía de establecer límites claros y expectativas para su comportamiento. Hazme fiel en enseñarle tu Palabra y establecer un ejemplo de santidad. Dame la fuerza de mantenerme firme en mi disciplina, sin importar si se resiste o la recibe voluntariamente. Recuérdame de continuo por tu Espíritu que corregir y disciplinar a mi hijo es una expresión de amor y cuidado.

Ayúdame a responder a los errores de mi hijo con amor en lugar de con enojo. Muéstrame cómo establecer reglas con base en tu verdad en lugar de mi propia conveniencia o preferencias. Hazme justo, gentil y sensible incluso cuando tengo que ser firme. Que la meta siempre sea enseñar y restaurar; nunca castigar o avergonzar.

Que mi hijo experimente tu amor a través de mí a medida que lo guío y lo instruyo para seguirte. Ayúdame a criarlo en sabiduría y amor en cada situación. Amén.

34

CUANDO SU VIDA PASE POR CAMBIOS

Jesucristo es el mismo ayer, y hoy, y por los siglos.

Hebreos 13:8

Todo tiene su tiempo, y todo lo que se quiere debajo del cielo tiene su hora. Tiempo de nacer, y tiempo de morir; tiempo de plantar, y tiempo de arrancar lo plantado; tiempo de matar, y tiempo de curar; tiempo de destruir, y tiempo de edificar; tiempo de llorar, y tiempo de reír; tiempo de endechar, y tiempo de bailar; tiempo de esparcir piedras, y tiempo de juntar piedras; tiempo de abrazar, y tiempo de abstenerse de abrazar; tiempo de buscar, y tiempo de perder; tiempo de guardar, y tiempo de desechar; tiempo de romper, y tiempo de coser; tiempo de callar, y tiempo de hablar; tiempo de amar, y tiempo de aborrecer; tiempo de guerra, y tiempo de paz.

Eclesiastés 3:1-8

¡El fiel amor del Señor nunca se acaba! Sus misericordias jamás terminan. Grande es su fidelidad; sus misericordias son nuevas cada mañana.

Lamentaciones 3:22-23, NTV

PADRE:

Gracias por ser nuestro Dios quien nunca cambia. No importa lo inestables o impredecibles que se puedan sentir nuestras circunstancias, podemos descansar con seguridad en ti. No tengo que temer el futuro porque pusiste mis pies sobre peña, y enderezaste mis pasos (Salmos 40:2).

Mi hijo enfrenta cambios en su vida tanto hoy como en el futuro. Experimentará nuevas aulas, empleos, relaciones y desafíos. Su cuerpo se desarrollará hacia la edad adulta. Sufrirá la pérdida de personas y posesiones de las que dependía. Nuevas oportunidades probarán su valentía y habilidades. En cada situación se partirá entre la emoción y la ansiedad.

Que mi hijo encuentre paz en saber que eres el autor de la historia de su vida. Él puede estar seguro de que donde vaya y lo que suceda, Tú estarás con él. Que se regocije como David, quien pudo decir: "Si subiere a los cielos, allí estás tú; y si en el Seol hiciere mi estrado, he aquí, allí tú estás. Si tomare las alas del alba y habitare en el extremo del mar, aun allí me guiará tu mano, y me asirá tu diestra" (Salmos 139:8-10). Que encuentre la valentía de enfrentar cada circunstancia por medio de saber que nunca dejarás su lado.

Habilita a mi hijo para aceptar dónde se encuentre en este momento. Que reconozca que Tú tienes el propósito de usar todo lo que sucede, sea difícil o maravilloso, para revelarte y moldearlo en el hombre que quieres. Que esté satisfecho, en lugar de tratar de evitar este nuevo desafío o adelantarse a tu tiempo. Que rinda su voluntad y sus planes a tu control perfecto.

Úsame para animarlo a confiar en ti. Llena mis palabras de mensajes de esperanza para el futuro y gratitud por tus obsequios para nosotros hoy. Hazme paciente y lleno de fe con el fin de que pueda ofrecerle la seguridad de un padre apacible y estable.

Gracias por tu constante amor y presencia adondequiera que vamos. Eres nuestra esperanza y nuestra paz. Amén.

35

CUANDO ESTÉ EN EL PROCESO DE FORMAR SU IDENTIDAD

No améis al mundo, ni las cosas que están en el mundo. Si alguno ama al mundo, el amor del Padre no está en él. Porque todo lo que hay en el mundo, los deseos de la carne, los deseos de los ojos, y la vanagloria de la vida, no proviene del Padre, sino del mundo. Y el mundo pasa, y sus deseos; pero el que hace la voluntad de Dios permanece para siempre.

1 Juan 2:15-17

Mas vosotros sois linaje escogido, real sacerdocio, nación santa, pueblo adquirido por Dios, para que anunciéis las virtudes de aquel que os llamó de las tinieblas a su luz admirable.

1 Pedro 2:9

Según nos escogió en él antes de la fundación del mundo, para que fuésemos santos y sin mancha delante de él, en amor habiéndonos predestinado para ser adoptados hijos suyos por medio de Jesucristo, según el puro afecto de su voluntad, para alabanza de la gloria de su gracia, con la cual nos hizo aceptos en el Amado.

Efesios 1:4-6

SEÑOR:

Es milagroso que en ti encontremos una identidad enteramente nueva. Nos llamas tus hijos adoptados. Escogidos. Santos.

Sin mancha. Una nueva creación. Amados. Conoces cada uno de nuestros pensamientos y nos escogiste desde antes de la fundación del mundo para ser tuyos. Somos liberados del poder del pecado y se nos da la promesa de una eternidad contigo.

A pesar de tus muchas promesas de que somos tuyos para siempre, podemos encontrarnos confundidos con respecto a quienes somos en realidad. El mundo dice que nuestra identidad se encuentra en nuestra apariencia y logros. Se nos promete felicidad por medio de la fama y las posesiones materiales La humildad, la pureza y la fe en Jesús son consideradas tontas y sin valor.

Dale a mi hijo el conocimiento de quién es en verdad como tu hijo. Que te reconozca como su Creador y Rey. Que su corazón te ame en lugar de este mundo quebrantado. Ayúdalo a escapar de las mentiras y tentaciones que quitarán sus ojos de ti y lo guiarán a las tinieblas.

Guarda a mi hijo de la tentación de buscar felicidad y satisfacción en lo que el mundo puede ofrecer. Guárdalo de un falso sentido de importancia con base en su apariencia, talento y éxito financiero. Ayúdalo a encontrar tu voluntad y a seguirte en lugar de buscar su destino por su cuenta.

Úsame para declararle la verdad de quién es como tu hijo. Que afirme su carácter interno más que sus logros externos. Que yo valore su corazón limpio por encima de su apariencia o su buen parecer. Ayúdame a animar su obediencia a ti en lugar de su desempeño para los demás. Mantennos enfocados en prepararnos para la eternidad contigo, y en poner tu Reino por encima de cualquier meta terrenal o deseo.

Gracias por llamarnos a tu luz. Nuestra esperanza y salvación se encuentran solamente en ti. Nos has dado el propósito real de vivir cada día. Que te alabemos para siempre. Amén.

36

CUANDO NECESITE UNA COMUNIDAD CRISTIANA

Mejores son dos que uno; porque tienen mejor paga de su trabajo. Porque si cayeren, el uno levantará a su compañero; pero ¡ay del solo! que cuando cayere, no habrá segundo que lo levante. También si dos durmieren juntos, se calentarán mutuamente; mas ¿cómo se calentará uno solo? Y si alguno prevaleciere contra uno, dos le resistirán; y cordón de tres dobleces no se rompe pronto.

Eclesiastés 4:9-12

Y ante todo, tened entre vosotros ferviente amor; porque el amor cubrirá multitud de pecados. Hospedaos los unos a los otros sin murmuraciones. Cada uno según el don que ha recibido, minístrelo a los otros, como buenos administradores de la multiforme gracia de Dios. Si alguno habla, hable conforme a las palabras de Dios; si alguno ministra, ministre conforme al poder que Dios da, para que en todo sea Dios glorificado por Jesucristo, a quien pertenecen la gloria y el imperio por los siglos de los siglos. Amén.

1 Pedro 4:8-11

Y considerémonos unos a otros para estimularnos al amor y a las buenas obras; no dejando de congregarnos, como algunos tienen por costumbre, sino exhortándonos; y tanto más, cuanto veis que aquel día se acerca.

Hebreos 10:24-25

PADRE:
Gracias por edificar tu iglesia de modo que no tengamos que andar por el sendero de la fe solos. Nos has dado hermanos y hermanas en Cristo para edificarnos cuando estamos desalentados. Descubrimos la verdad de tu Palabra mediante pastores y maestros. Cuando hemos estado enfermos o hemos experimentado dificultades, encontramos oración y ayuda cuando más lo necesitamos. Te pido que mi hijo experimente el regalo de la familia de Dios.

Rodea a mi hijo con cristianos que lo desafíen a permanecer fiel a ti. Bríndale maestros que abran la Palabra de tal manera que capture su corazón y su mente. Que hombres piadosos vivan delante de él ejemplos de obediencia a medida que crece. Haz de tu pueblo sus más fuertes defensores, líderes y amigos.

Crea un deseo en el corazón de mi hijo para participar plenamente en la vida de la iglesia. Que descubra el gozo de servir a otros con los dones que da tu Espíritu. Haz del Cuerpo de Cristo una comunidad donde pueda ser plenamente él mismo sin aparentar o actuar para obtener aprobación. Que su familia espiritual sea tan significativa como su familia terrenal en amarlo y cuidar de él.

El pueblo de Dios no es perfecto y le fallará a mi hijo en ocasiones. Dale la gracia para perdonar y evitar que los fracasos de los demás socaven su confianza en tu perfecta santidad. Que le dé gracia a sus hermanos y hermanas cuando tropiecen, y que reciba misericordia en sus debilidades también.

Que yo sea un ejemplo como su padre mediante mi fidelidad al Cuerpo de Cristo. Dame una actitud de siervo que busque compartir mi hogar, mis dones y mi tiempo con tu pueblo. Hazme diligente en guiar a mi hijo en adoración cada semana. Dame gracia que busque el bien de otros sin crítica o negatividad.

Revela tu gran amor y verdad a mi hijo por medio de otros creyentes en nuestra vida. Que recibamos aliento y ayuda, y descubramos más de tu bondad que nunca. Amén.

Una historia de oración

Porque tú formaste mis entrañas; tú me hiciste en el vientre de mi madre. Te alabaré; porque formidables, maravillosas son tus obras; estoy maravillado, y mi alma lo sabe muy bien.

Salmos 139:13-14

¿Alguna vez se ha sentido agotado como padre? ¡Sí, yo también! Un día, nuestro hijo de entonces ocho años, Zach, entró a la casa de haber jugado afuera con sus hermanos, Brock y Caleb, quienes estaban en lágrimas. ¡Los había golpeado de nuevo! Zach tenía un problema médico y una discapacidad de aprendizaje y no podía expresarse con facilidad, así que cuando se sentía frustrado usaba sus puños.

"Zach —me incliné y susurré con intensidad en su rostro—, no puedes hacer esto. Golpear no es apropiado. Ve arriba y yo iré a hablar contigo".

Zach subió las escaleras dando zapatazos, tumbó a sus hermanos en el proceso. Azotó la puerta de su habitación y le lanzó una pelota de béisbol, abriendo un agujero a través de la puerta al entrar. Yo había subido las escaleras, justo detrás de él, y había orado todo el camino hacia arriba porque había hecho el compromiso de nunca volver a disciplinar en enojo. Pero no estaba enojada. Estaba asustada, asustada por mi hijo.

Entré a la habitación, me incliné de modo que quedé cara a cara con él y le dije con firmeza y con calma: "Zachery, esto es inapropiado. Sé que estás enojado. Sé que estás molesto. Pero no puedes usar tus puños para mostrarlo. Tienes que aprender a usar palabras para expresar tus sentimientos". (Yo estaba pensando: *¡Si actúas así nadie querrá casarse contigo y vas a tener que vivir conmigo para siempre! ¡Usa palabras!*).

Zach explotó y me gritó, con las manos en las caderas:

"¡Tú quieres palabras! ¿Quieres palabras? ¡Entonces me odio a mí mismo y odio mi vida y si Dios me hizo, también lo odio!".

Quedé impactada y en silencio. Simplemente repliqué en un susurro: "Volveré en un momento".

Me fui a mi habitación en lágrimas. Me lancé a la cama y con desesperación oré a Dios: "Señor, soy esposa de pastor, directora del ministerio de mujeres y escribo todos estos libros cristianos y estoy criando un pequeño ateo en el primer piso: ¡Necesito AYUDA! Estoy tan asustada por Zachery. No sé qué hacer. Todo lo que sé es que el Salmo 139 dice que es una obra formidable y maravillosa. Creo eso. Creo que hay un don, un tesoro, que pones en todos y cada uno de nosotros. Pero Dios, Zach está tan enojado que no puedo ver el tesoro, ¡ayúdame a ayudarlo a ver ese tesoro!".

Entonces me vino la idea. Corrí a la oficina y saqué una cartulina para afiches. Dibujé un mapa del tesoro con varias líneas y un cofre del tesoro en un extremo, pegué un par de monedas en el mapa y marché de vuelta al piso de arriba donde estaba Zach, justo como lo había dejado.

"Zach, este es el trato. Tú y yo vamos a ir en una aventura. Ves, Dios ha colocado un tesoro, algo único y especial dentro de cada persona. Hay un tesoro en ti, Zach —le dije mientras daba golpecitos en su pecho—. Tú y yo y Dios vamos a ir en búsqueda de ese tesoro escondido para descubrirlo. Así que este es el plan. Voy a pedirte que todos los días menciones una cosa positiva de tu día y una cosa que creas que hayas hecho bien. Entonces una vez a la semana, tú y yo vamos a salir en una cita para desayunar y vamos a hablar de cómo vemos la manera en que Dios te está mostrando el tesoro dentro de ti. Vamos a hacer esto durante por lo menos seis semanas y al final de ese tiempo, voy a invertir dinero en el tesoro que Dios te ha mostrado que está en ti. Zach, tú eres un chico especial. Todos te amamos, y Dios te ama más, sobre todo. Pidámosle a Dios que te ayude a descubrir tu tesoro. ¿Qué cosa positiva sucedió hoy? Escribámosla".

Zach tenía una actitud pesimista crónica, así que dijo: "Es irremediable, nunca va a funcionar".

Hablé con él: "Mi amor, estás vivo". (Yo estaba reteniendo mi propia frustración porque pensaba sarcásticamente: *¡Sí, estás vivo, porque no te he asesinado de pura frustración, amigo!*). Pero Dios de manera milagrosa reemplazó mi frustración con compasión y abracé ese pequeño cuerpo hosco y rígido y le susurré: "¡Tú eres el tesoro de Dios!".

Entonces sucedió un milagro. Zach comenzó a traerme el mapa del tesoro, muy emocionado de contar todas las cosas buenas que veía en sí mismo. Al final de esas seis semanas descubrimos que las relaciones eran la clave para soltar el corazón y la esperanza de Zach, así que hicimos un presupuesto para brindarle oportunidades (conciertos, campamentos, talleres y demás) para encontrar amigos con los cuales crecer con Dios y tomar buenas decisiones con ellos.

Si volvemos al presente, unos diecisiete años más tarde, ese mismo hijo obtuvo una maestría en Ciencias del Ejercicio (con mención honorífica) y fue contratado el día en que se graduó para ser el entrenador de fuerza de una división de la misma universidad. ¡El 22 de junio se casó con una hermosa mujer de Dios quien valora el tesoro que es Zach! ¡Cuando busca el tesoro, suceden milagros!

Señor, algunas veces es muy difícil ver el tesoro en nuestros hijos, cónyuge, compañeros de trabajo o parientes. Ayúdame a ver a las personas con tus ojos, con ojos que vean el tesoro que ves en ellos.

Pam Farrel es una conferenciante internacional, autora de más de treinta y ocho libros incluyendo *Los hombres son como waffles, las mujeres como espaguetis*; *Atrévete, sé valiente*; y

52 Ways to Wow Your Husband [52 maneras de sorprender a su marido]. Es la codirectora de Love-Wise (www.Love-Wise.com) y fundadora de Seasoned Sisters (www.seasonedsisters.com).

37

CUANDO SEA REBELDE

"... No seas como el mulo o el caballo, que no tienen discernimiento, y cuyo brío hay que domar con brida y freno, para acercarlos a ti". Muchas son las calamidades de los malvados, pero el gran amor del Señor envuelve a los que en él confían.

Salmos 32:9-10, NVI

Mas esto les mandé, diciendo: Escuchad mi voz, y seré a vosotros por Dios, y vosotros me seréis por pueblo; y andad en todo camino que os mande, para que os vaya bien. Y no oyeron ni inclinaron su oído; antes caminaron en sus propios consejos, en la dureza de su corazón malvado, y fueron hacia atrás y no hacia adelante.

Jeremías 7:23-24

¿Cómo puede el joven llevar una vida íntegra? Viviendo conforme a tu palabra. Yo te busco con todo el corazón; no dejes que me desvíe de tus mandamientos. En mi corazón atesoro tus dichos para no pecar contra ti. ¡Bendito seas, Señor! ¡Enséñame tus decretos! Con mis labios he proclamado todos los juicios que has emitido. Me regocijo en el camino de tus estatutos más que en todas las riquezas. En tus preceptos medito, y pongo mis ojos en tus sendas. En tus decretos hallo mi deleite, y jamás olvidaré tu palabra.

Salmos 119:9-16, NVI

SEÑOR:

Mi hijo está determinado a hacer las cosas a su manera. Se resiste a la autoridad. Piensa que solo él es el que sabe qué es lo mejor para él. Las reglas lo hacen enojar, y no quiere recibir un "no" como respuesta. Cuando trato de razonar con él o "imponer mi autoridad", se cierra y rechaza lo que sea que yo diga.

Ayuda a mi hijo a ver que la libertad que busca solo le traerá dolor. Los límites que nos pones y los límites que pongo están pensados para su bienestar. Si persiste en dirigir su propia vida solamente irá hacia atrás y no hacia adelante.

Dale a mi hijo la humildad de ver que te necesita. Muéstrale que la verdadera libertad y alegría se encuentran en confiar en ti y someterse a tu voluntad. Ayúdalo a entender tu amor incondicional que busca solo hacerle bien todos los días de su vida.

Ayuda a mi hijo a comprender que el dominio propio y la obediencia llevan a una mayor independencia al final. A medida que se gane la confianza y sea responsable consigo mismo, obtendrá la estima y la confianza de los demás. Permítele crecer en su habilidad de gobernarse a sí mismo para que no necesite que alguien más tome el control.

Dame la sabiduría de saber cuándo hacerme cargo y cuándo dejar ir. Si me he equivocado en ser demasiado controlador, muéstrame qué áreas soltar. Si estoy evitando la responsabilidad de tomar autoridad sobre mi hijo, dame la valentía de permanecer firme sin importar cómo responda o me presione para rendirme. Sobre todo, tráenos a un lugar de confianza y unidad. Ayúdame a no soltar la esperanza y la compasión por mi hijo, y ayúdalo a creer que mis motivos son de amor cuando no le doy la libertad por la que está luchando.

Sobre todo, te pido que mi hijo se rinda a ti. Sé su Salvador y su Rey. Que diga como el salmista: "He optado por el camino de la fidelidad, he escogido tus juicios. Yo, Señor, me apego a tus estatutos; no me hagas pasar vergüenza. Corro por el camino de tus mandamientos, porque has ampliado mi modo de pensar" (Salmo 119:30-32, NVI). Amén.

38

CUANDO ESTÉ ABURRIDO

Este es el día que hizo Jehová; nos gozaremos y alegraremos en él.

Salmos 118:24

Porque somos hechura suya, creados en Cristo Jesús para buenas obras, las cuales Dios preparó de antemano para que anduviésemos en ellas.

Efesios 2:10

No hay cosa mejor para el hombre sino que coma y beba, y que su alma se alegre en su trabajo. También he visto que esto es de la mano de Dios. Porque ¿quién comerá, y quién se cuidará, mejor que yo? Porque al hombre que le agrada, Dios le da sabiduría, ciencia y gozo.

Eclesiastés 2:24-26

SEÑOR:

Nos has dado muchos dones en la forma de trabajo significativo, buenos amigos, pasatiempos y deportes y reposo y relajación. No obstante, algunas veces nuestra rutina se vuelve repetitiva y mi hijo anhela un cambio de ritmo. Al sentirse inquieto y aburrido, puede perder su gratitud por las bendiciones de su vida. Sus días carecen de propósito y su motivación desaparece.

Usa esta temporada de aburrimiento para enseñarle a mi hijo a resistir. Que madure en la habilidad de trabajar con fidelidad y con una actitud positiva sin ser dejado fuera por sus emociones. Dale la confianza de que estás en control y que traerás nuevas oportunidades y emoción en el tiempo perfecto. Que esté agradecido por tus dones en lugar de poner su atención en lo que no puede hacer o tener hoy.

Que mi hijo escuche tu voz durante esta temporada tranquila en su vida. Ínstalo a procurar una conexión más profunda contigo y con nuestra familia.

Usa estos días como un tiempo de reposo con el fin de edificarlo para los mayores desafíos que estás preparando para su futuro.

Te pido que traigas nuevas relaciones y experiencias a mi hijo. Úsalas para hacerlo crecer en el hombre que has diseñado. Desarrolla valentía, habilidad y fe en ti a medida que sea dirigido a probar cosas poco familiares. Ayúdalo a caminar tanto en un espíritu de contentamiento hoy como en una alegre expectativa de hacia donde lo llevarás mañana.

Recuérdale a mi hijo que cada día es un regalo tuyo. Que despierte cada mañana listo para descubrir tu propósito para su tiempo y energía. Dale ojos para ver las buenas obras que has preparado para que las haga, y una actitud dispuesta para servir y ayudar a las personas que traes a su camino.

Guárdanos de desperdiciar las horas tranquilas que se nos dan; úsalas para enseñarnos el arte de estar quietos y escuchar tu voz. Abre nuestros ojos a las maneras en que nos revelas tu presencia cada día; guárdanos de perdernos las maravillas de tu creación, las maneras en que respondes a la oración y la verdad de tu Palabra. En ti, cada momento tiene significado y hay mucho por lo cual estar agradecidos.

Que te alabemos por cada día que se nos da. Amén.

39

CUANDO USE LA INTERNET

Practiquen el dominio propio y manténganse alerta. Su enemigo el diablo ronda como león rugiente, buscando a quién devorar.

1 Pedro 5:8, NVI

Con arrogancia los malvados persiguen a los pobres; ¡que sean atrapados en el mal que traman para otros! [...] *Como leones agazapados en sus escondites, esperan para lanzarse sobre los débiles. Como cazadores capturan a los indefensos y los arrastran envueltos en redes. Sus pobres víctimas quedan aplastadas; caen bajo la fuerza de los malvados. Los malvados piensan: "¡Dios no nos mira!¡Ha cerrado los ojos y ni siquiera ve lo que hacemos!".*

Salmos 10:2, 9-11 NTV

El que habita al abrigo del Altísimo Morará bajo la sombra del Omnipotente. Diré yo a Jehová: Esperanza mía, y castillo mío; mi Dios, en quien confiaré. El te librará del lazo del cazador, de la peste destructora. Con sus plumas te cubrirá, y debajo de sus alas estarás seguro; escudo y adarga es su verdad.

Salmos 91:1-4

SEÑOR:

Has usado la internet para brindarle muchas bendiciones a nuestra familia. Disfrutamos la conveniencia de investigar cualquier tema con facilidad, evitar los viajes a las tiendas con las compras en línea, administrar nuestras finanzas y conectar con amigos y seres queridos distantes. La estás usando para abrir el camino al evangelio a lugares alrededor del planeta donde nunca había entrado.

No obstante, así como el mundo de mi hijo puede expandirse por estar en línea, también se encuentra en riesgo de ser dañado. Puede perder su inocencia a través de ser expuesto a la pornografía. El materialismo y la codicia pueden tomar lugar gracias a la andanada de publicidad mostrada. El chisme y el acoso cibernético pueden generar aislamiento y una profunda inseguridad en la escuela. Los depredadores podrían tratar de atraerlo a una explotación sexual impensable. Mi hijo necesita tu ayuda y protección cada vez que está en línea.

Dale a mi hijo sabiduría y dominio propio para manejar la internet de una manera segura. Guárdalo de compartir información personal con extraños. Protege sus ojos de cualquier imagen que podría robar su pureza e inocencia. Llena su corazón con una aversión a la violencia y la perversión. Dale fuerza para cerrar y alejarse de cualquier sitio que pudiera quitar sus ojos de ti.

Usa la internet para desarrollar sus relaciones en lugar de destruirlas. Dale sabiduría con cada palabra que escriba y cada video que publique de modo que nadie sea deshonrado de ninguna manera. Protégelo de cualquiera que trate de dañar su reputación con mentiras hirientes o ataques. Ayuda a mi hijo a mantener los dispositivos en el lugar adecuado en su vida. Que equilibre su tiempo de manera sabia para que sus días sean activos y plenos, sin ser acaparados por incontables horas frente a las pantallas. Que encuentre su mayor satisfacción en sus relaciones y en los talentos que le has dado, en lugar de perderse en línea.

Dame la sabiduría como su padre de saber qué salvaguardas y límites debo establecer. Muéstrame cómo hacer de la internet la herramienta más positiva y benéfica que pueda ser para él. Crea una relación abierta entre nosotros para que no mantenga en secreto ninguna relación o experiencia en línea. Que tenga un espíritu sumiso para aceptar mi opinión y autoridad sobre esta área de su vida.

Gracias que siempre estás con mi hijo, sea que esté en la calle o explorando en línea. Guíalo y mantenlo cerca de ti a cada momento. Amén.

40

CUANDO SE SIENTA SOLO

> Y Jehová va delante de ti; él estará contigo, no te dejará, ni te desamparará; no temas ni te intimides.
>
> Deuteronomio 31:8

> Y les aseguro que estaré con ustedes siempre, hasta el fin del mundo.
>
> Mateo 28:20, NVI

> ¿A dónde me iré de tu Espíritu? ¿Y a dónde huiré de tu presencia? Si subiere a los cielos, allí estás tú; y si en el Seol hiciere mi estrado, he aquí, allí tú estás. Si tomare las alas del alba y habitare en el extremo del mar, aun allí me guiará tu mano, y me asirá tu diestra.
>
> Salmos 139:7-10

PADRE:

Hay momentos en nuestra vida cuando nos sentimos completamente solos. Somos los chicos nuevos de la escuela o los empleados recién contratados que estamos tratando de encontrar dónde encajamos. Todos en la iglesia tienen viejos amigos familiares mientras que nosotros nos sentimos invisibles y fuera de lugar. Todos los vecinos se conocen y comparten recuerdos, pero ni siquiera nos saludan cuando pasamos. Otros músicos o atletas son más experimentados y hacen equipo juntos, así que nos sentimos fuera de lugar al trabajar en las habilidades básicas. El sentimiento de no pertenecer es doloroso y vergonzoso.

Mi hijo está desanimado y cree que es invisible e indeseable. Sus esfuerzos amigables por establecer contacto han sido ignorados. Se siente inferior y duda de que tenga mucho que ofrecer. No sabe qué pasos tomar para hacer amigos y encontrar a otras personas con intereses comunes. Su inseguridad crece; comienza a darse por vencido, se ha vuelto callado y retraído. Está construyendo muros alrededor de su corazón para defenderse contra el rechazo.

Te pido que le proveas amigos a mi hijo. Dale un sentido de pertenencia y abre los ojos de los demás para que vean lo valioso y especial que es en verdad. Que reciba aceptación y amabilidad de los que lo rodean cada día.

Me duele ver a mi hijo en dolor cuando sé que es completamente amado por ti y por mí. Usa este tiempo de estar a solas para revelarte como su amigo fiel. Que descubra la verdad de que estás con él a cada momento. Ínstalo a hablar contigo en oración y a depender de ti cuando batalle. Que descubra tal plenitud en tu presencia que ninguna relación terrenal pueda siquiera compararse. Que te vea como la fuente de cada cosa buena en su vida. Ayúdalo a confiar en que traerás los compañeros correctos en el tiempo perfecto.

Desarrolla nuestra relación entre nosotros durante esta temporada. Muéstrame cómo acercarme a él y hacer recuerdos juntos. Dame la sensibilidad de cuando necesite más diversión o atención. Mantenme en oración diligente por él, sabiendo que lo amas y que tienes su vida en tus manos. Que mis palabras estén llenas de aliento y esperanza cuando dude de lo mucho que te preocupas por él.

Gracias por ser la fuente de todo lo bueno para mi hijo. Te alabo por tu mano fiel de guía y protección que lo mantiene seguro. Gracias por tu amor que nunca lo deja ir. Amén.

41

CUANDO NECESITE HABLAR CON DIOS

Y de igual manera el Espíritu nos ayuda en nuestra debilidad; pues qué hemos de pedir como conviene, no lo sabemos, pero el Espíritu mismo intercede por nosotros con gemidos indecibles.

Romanos 8:26

A ti clamo, oh Dios, porque tú me respondes; inclina a mí tu oído, y escucha mi oración.

Salmos 17:6, NVI

¿Está alguno entre vosotros afligido? Haga oración. ¿Está alguno alegre? Cante alabanzas. ¿Está alguno enfermo entre vosotros? Llame a los ancianos de la iglesia, y oren por él, ungiéndole con aceite en el nombre del Señor. Y la oración de fe salvará al enfermo, y el Señor lo levantará; y si hubiere cometido pecados, le serán perdonados. Confesaos vuestras ofensas unos a otros, y orad unos por otros, para que seáis sanados. La oración eficaz del justo puede mucho.

Santiago 5:13-16

Estad siempre gozosos. Orad sin cesar. Dad gracias en todo, porque esta es la voluntad de Dios para con vosotros en Cristo Jesús.

1 Tesalonicenses 5:16-18

SEÑOR:

Gracias por invitarnos a tu presencia por medio de la oración. Estás listo para escuchar cada palabra de gratitud, preocupación o confesión que traemos delante de ti. Cuando sufrimos o estamos demasiado quebrantados o confundidos para hablar, tu Espíritu nos ayuda e incluso ora por nosotros. Cuando te traemos nuestras necesidades encontramos sanidad, ayuda y perdón. Tú traes gozo a nuestro corazón y nos llenas de alabanza.

Te pido que mi hijo descubra el don de la oración por sí mismo. Muéstrale que es más que solo dar gracias antes de los alimentos o pedirte que "bendigas a mamá y a papá" antes de dormir. Haz crecer su fe para creer que en realidad lo escuchas cuando habla contigo. Dale una expectativa gozosa de que le responderás. Que aprenda a conocer tu voz mientras te encuentras con él en sus rodillas.

Enséñale a mi hijo a orar. Que descubra lo cerca que estás y lo dispuesto que estás para recibirlo en oración. Revélale tu poder por medio de proveer para las necesidades que te traiga. Que aprenda gratitud por medio de reconocerte como la fuente de cada cosa buena en su vida. Trae paz a su corazón al encontrar perdón en ti. Desarrolla un espíritu compasivo en él a medida que levante las cargas de otros en oración. Dale sabiduría cuando te pregunte qué camino tomar. Que su vida sea cambiada para siempre a medida que aprenda a hablar contigo en cada situación. Hazme fiel en oración como un ejemplo para mi hijo. Que vea tu paz y valentía en mí cada vez que te busco por ayuda. Dame fuerza para orar de continuo, sin distraerme por el estrés o un horario atareado. Dame un corazón agradecido que te alabe en todas las circunstancias.

Gracias por invitarnos a orar. Tú entras en nuestros problemas, felicidad, enfermedad y debilidad cada vez que venimos a ti. Nunca tenemos que andar solos por la vida. Eres fiel para escucharnos y mostrarnos misericordia. Alabo tu nombre por tu perfecto amor. Amén.

42

CUANDO PUEDA SERVIR A OTROS

Pero no será así entre vosotros, sino que el que quiera hacerse grande entre vosotros será vuestro servidor, y el que de vosotros quiera ser el primero, será siervo de todos. Porque el Hijo del Hombre no vino para ser servido, sino para servir, y para dar su vida en rescate por muchos.

Marcos 10:43-45

Amaos los unos a los otros con amor fraternal; en cuanto a honra, prefiriéndoos los unos a los otros. En lo que requiere diligencia, no perezosos; fervientes en espíritu, sirviendo al Señor; gozosos en la esperanza; sufridos en la tribulación; constantes en la oración; compartiendo para las necesidades de los santos; practicando la hospitalidad.

Romanos 12:10-13

Y de hacer bien y de la ayuda mutua no os olvidéis; porque de tales sacrificios se agrada Dios.

Hebreos 13:16

PADRE:

Le has dado a mi hijo incontables bendiciones a través del servicio a las personas en su vida. Sus maestros pasan hora tras hora preparando lecciones y ayudándolo a crecer académicamente. Los líderes de la iglesia invierten tiempo en compartir la Palabra y orar sobre su vida. Ha recibido experiencias divertidas y una mano de ayuda de los amigos que se preocupan por él. Yo proveo sus comidas y ropa, y trato de anticipar sus necesidades incluso antes de que lo pida. Mi hijo está bien cuidado y amado.

Te pido que llenes a mi hijo con gratitud por todo lo que los demás hacen por él cada día. Abre sus ojos para entender el tiempo, el esfuerzo y el dinero requerido para suplir sus necesidades. Usa esta consciencia para crear un corazón que esté dispuesto a servir como esté siendo servido.

Que mi hijo tenga un espíritu dispuesto para ayudar dentro de nuestro hogar. Ínstalo a cargar los comestibles del coche a la casa o a sacar la basura sin que se le pida. Dale paciencia para cumplir con sus quehaceres sin quejarse o darse por vencido antes de terminar. Que sepa que es un miembro significativo de la familia —no solo un invitado— quien puede encontrar alegría en dar de sí mismo a nuestro hogar.

Dale oportunidades a mi hijo para ayudar a otros en la escuela, en la iglesia y en nuestro vecindario. Abre sus ojos para ver las acciones que podría hacer para beneficiar a su grupo de la escuela y su comunidad. Mueve su corazón a dar su tiempo y dinero para las necesidades de otros. Hazlo sensible a los niños que tienen un día difícil y necesitan un amigo.

Guarda el corazón y la mente de mi hijo de enfocarse en él mismo. Que vea cómo sus acciones afectan a otros. Muéstrale el poderoso impacto que su amabilidad y generosidad pueden tener en el mundo a su alrededor. Que viva como tu luz en las tinieblas a medida que otros vean el amor de Cristo trabajando a través de él.

Gracias por todas las maneras en que te das a nosotros. Que respondamos a tu amor por medio de cuidar de todos los que traes a nosotros. Amén.

43

CUANDO SU REPUTACIÓN ESTÉ EN RIESGO

De más estima es el buen nombre que las muchas riquezas, y la buena fama más que la plata y el oro.

Proverbios 22:1

Queridos hermanos, les ruego como a extranjeros y peregrinos en este mundo que se aparten de los deseos pecaminosos que combaten contra la vida. Mantengan entre los incrédulos una conducta tan ejemplar que, aunque los acusen de hacer el mal, ellos observen las buenas obras de ustedes y glorifiquen a Dios en el día de la salvación.

1 Pedro 2:11-12, NVI

Nunca se aparten de ti la misericordia y la verdad; átalas a tu cuello, escríbelas en la tabla de tu corazón; y hallarás gracia y buena opinión ante los ojos de Dios y de los hombres.

Proverbios 3:3-4

PADRE:

Tú dices que "aun el muchacho es conocido por sus hechos, si su conducta fuere limpia y recta" (Proverbios 20:11). Mi hijo está descubriendo la realidad de esa verdad, mientras su reputación se ve amenazada por sus propios errores y la calumnia de otros.

Te pido que cuides de la reputación de mi hijo adondequiera que vaya. Dale dominio propio para que no sea etiquetado como un pendenciero buscapleitos. Dale respeto y modales adecuados para que sea apreciado por los que están en autoridad. Dale compasión y amor por los demás para que sea conocido por su buena amistad y generosidad. Que un deseo de agradarte gobierne sus palabras y su conducta en cada situación.

Evita que las ofensas o los errores únicos determinen cómo lo vean los demás. Te pido que reciba gracia y segundas oportunidades de personas, así como encontramos misericordia y amor en ti. Si experimenta chismes dañinos o insultos, silencia las mentiras y mantén intacto su buen nombre. Que encuentre reposo en conocer que tu amor permanece fiel incluso si todos los demás nos abandonan.

Que mi hijo valore su reputación. Ayúdalo a entender lo fácil que es perderla y lo difícil que es restaurarla. Hazlo consciente de cómo las palabras impulsivas y las acciones tontas pueden seguirlo durante años. Guárdalo de enviar mensajes de texto o de publicar fotografías o comentarios en línea que pudieran afectar su imagen. Ayúdalo a tomar decisiones maduras con respecto a su lenguaje, su apariencia, los muchachos con los que escoge pasar el rato y sus esfuerzos académicos.

Te pido que mi hijo te ame y busque tu favor. Que su comportamiento externo fluya de un amor y devoción a ti desde su interior. Enséñale fidelidad y obediencia. Mantenlo puro y dale sabiduría para saber lo que es correcto.

Que ame a mi hijo incondicionalmente para que nunca tenga que preocuparse por perder mi corazón. Que tenga el tipo de amor por él que sea paciente, que todo lo espere y que no guarde rencor (1 Corintios 13). Sin importar lo que el mundo diga de él, que siempre encuentre aceptación conmigo.

Gracias por levantarnos cuando nuestros pecados nos derriben. Mi hijo está en tus manos; que traiga gloria a tu nombre mientras vive para ti. Amén.

44

CUANDO TENGA ENEMIGOS

Guarda silencio ante Jehová, y espera en él. No te alteres con motivo del que prospera en su camino, por el hombre que hace maldades. Deja la ira, y desecha el enojo; no te excites en manera alguna a hacer lo malo. Porque los malignos serán destruidos, pero los que esperan en Jehová, ellos heredarán la tierra. Pues de aquí a poco no existirá el malo; observarás su lugar, y no estará allí. Pero los mansos heredarán la tierra, y se recrearán con abundancia de paz. Maquina el impío contra el justo, y cruje contra él sus dientes; el Señor se reirá de él; porque ve que viene su día. Los impíos desenvainan espada y entesan su arco, para derribar al pobre y al menesteroso, para matar a los de recto proceder. Su espada entrará en su mismo corazón, y su arco será quebrado.

Salmos 37:7-15

Pero a ustedes que me escuchan les digo: Amen a sus enemigos, hagan bien a quienes los odian, bendigan a quienes los maldicen, oren por quienes los maltratan. Si alguien te pega en una mejilla, vuélvele también la otra. Si alguien te quita la camisa, no le impidas que se lleve también la capa. Dale a todo el que te pida y, si alguien se lleva lo que es tuyo, no se lo reclames. Traten a los demás tal y como quieren que ellos los traten a ustedes.

Lucas 6:27-31, NVI

SEÑOR:

Tú conoces el enemigo contra el que mi hijo batalla en este momento. Lo han calumniado, acosado e intimidado. Tiene miedo de lo que pueda perder: su seguridad, su reputación y su respeto por sí mismo. Los que deberían defenderlo desconocen sus necesidades o son ineficaces en sus esfuerzos por protegerlo. Mi hijo se siente aplastado e indefenso. Necesita tu ayuda.

Dale a mi hijo fe para creer que lo librarás de esta situación. Que esté quieto y espere con paciencia que lo rescates. Se siente débil y avergonzado, frustrado y confundido. Dale paz mientras confía en ti. Que esté quieto y libre de preocupación, con una expectativa gozosa de que tu poder será revelado exactamente en el momento justo. Llena a mi hijo de compasión a través de tu Espíritu para que pueda orar por su enemigo y devolver bien por mal. Libéralo de cualquier deseo de venganza. Que dependa de ti para pelear sus batallas para que nunca se involucre en iracundas represalias propias. Que sus palabras y comportamiento sean por completo intachables para que los ataques y acusaciones se conviertan en nada. Defiende su reputación, que su amabilidad y dominio propio sean considerados como fuerza. Dale valentía para hacer lo correcto sin importar lo que venga en su contra cada día.

Dame sabiduría para saber cuando estar al tanto y esperar en ti, y cuando actuar a su favor. Guárdame de tratar de proteger a mi hijo por medio de mi propia fuerza en lugar de la tuya. Muéstrame cómo alentarlo a confiar en ti. Dame una actitud misericordiosa hacia sus enemigos cuando quiera arremeter en su contra y hacerlos pagar.

Dale a mi hijo valentía para hablar acerca de su dolor. Muéstrale en quién puede confiar y a quién buscar por apoyo. Guárdalo de llevar esta carga en secreto para evitar ser avergonzado o mayor abuso por parte de sus enemigos. Crea oportunidades para que muestre gracia y buen corazón, porque: "Si el que te aborrece tuviere hambre, dale de comer pan, y si tuviere sed, dale de beber agua; porque ascuas amontonarás sobre su cabeza, y Jehová te lo pagará" (Proverbios 25:21-22). Que descubra tu recompensa por tener integridad en esta difícil situación.

Gracias por cuidar de él a cada momento. Suelto a mi hijo plenamente en tus manos, confío en tu fuerza y protección en lugar de en los míos. Gracias por tu gran amor que nunca falla. Amén.

45

CUANDO PUEDA COMPARTIR EL EVANGELIO

Vosotros sois la luz del mundo; una ciudad asentada sobre un monte no se puede esconder. Ni se enciende una luz y se pone debajo de un almud, sino sobre el candelero, y alumbra a todos los que están en casa. Así alumbre vuestra luz delante de los hombres, para que vean vuestras buenas obras, y glorifiquen a vuestro Padre que está en los cielos.

Mateo 5:14-16

Más bien, honren en su corazón a Cristo como Señor. Estén siempre preparados para responder a todo el que les pida razón de la esperanza que hay en ustedes.

1 Pedro 3:15, NVI

A la verdad, no me avergüenzo del evangelio, pues es poder de Dios para la salvación de todos los que creen: de los judíos primeramente, pero también de los gentiles.

Romanos 1:16

SEÑOR:

¿Cómo podremos agradecerte alguna vez por tu salvación? Nos has escogido, rescatado de las tinieblas de este mundo y nos has dado un futuro y una esperanza contigo para siempre. Nos has bendecido "con toda bendición espiritual en los lugares celestiales en Cristo" (Efesios 1:3).

Te pido que la salvación de mi hijo lo aparte como tu hijo. Dale tu poder y equípalo para bendecir a otros y hacer del mundo un lugar mejor. Que su buen corazón, generosidad, sabiduría y dominio propio sean notorios como una señal de que es tuyo. Usa tu luz en él para revelarte a los que te necesitan con desesperación.

Habilita a mi hijo para que se comprometa a seguirte. Dale conocimiento y entendimiento de tu Palabra para que pueda expresar con claridad el mensaje de tu evangelio. Basa su fe en la verdad y en la sabiduría, más que en experiencias emocionales que vienen y van. Que su esperanza y alegría por conocerte sean demasiado maravillosas para guardárselas. Usa a mi hijo para guiar a otros a Jesús.

Dale a mi hijo compasión por los perdidos. Ínstalo a orar por amigos y familiares que no te conozcan como su Salvador. Dale valentía para declarar su lealtad a ti y a tu Palabra.

Que mi hijo sea una luz que brille delante de los hombres y que traiga alabanza a tu glorioso nombre.

Tu regalo de salvación es demasiado asombroso para guardarlo en secreto. Que hablemos de tu bondad y de todo lo que has hecho a todos los que quieran escuchar. Mantennos fieles y llenos de esperanza hasta que te veamos cara a cara. Amén.

Una historia de oración

La primera indicación de que algo estaba mal fueron los quejidos a bajo volumen que escuché de la otra habitación. Me sequé las manos en la toalla para platos y caminé con rapidez a la sala de estar. Mi segundo hijo estaba hecho bolita en el sofá, con la cabeza entre las manos. A los dos años no me podía decir qué pasaba, pero seguía repitiendo: "Me duele la cabeza", y "Mi barriga". Claramente algo estaba mal.

Quinn es apasionado, enfocado, empático en exceso, solo tiene dos velocidades: máxima velocidad y dormido. Cuando se sentó retorciéndose de dolor y presionando su cabeza yo sabía que estaba enfermo en serio. Y mi corazón se me fue a los pies con una sospecha inmediata.

A los quince minutos comenzó a vomitar. Le rogué a Dios que se quedara dormido y que el dolor pasara mientras tomaba la siesta. En mi corazón, sabía lo que sucedía, pero estaba tan llena de temor por él que no pude decirlo.

A lo largo de los meses siguientes este mismo patrón de dolor se repetía con bastante regularidad. Comencé a registrar lo que le sucedía y a hablar con sus médicos. Como sabía lo raras que son las migrañas en niños tan chicos, fui meticulosa de mi parte al monitorearlo, cuidar los detonantes, ajustar su dieta y reunir información que me pudiera dar un diagnóstico.

Gracias a Dios, los médicos me creyeron y estuvieron de acuerdo conmigo. Parecía como si Quinn en realidad estuviera sufriendo de migrañas debilitantes.

El proceso fue agotador para nosotros: meses de espera para la aprobación de especialistas, luego cambios en la cobertura del seguro que significaba que debíamos comenzar el proceso de nuevo y convencer a más médicos y luego esperar la asignación de especialistas y realizarle análisis y procedimientos. Estaba llena de gratitud cuando lo llevamos a su primera cita con un neurólogo pediatra. Diagnosticó de manera oficial a Quinn con migrañas y luego pidió una tomografía. Siguieron más meses para esperar la aprobación y más terribles dolores de cabeza para mi hijo.

Tanto como hacía que mi corazón se encogiera por llevar a mi pequeño al hospital infantil para una tomografía, estaba emocionada de que por fin tendríamos una buena mirada dentro y asegurarnos de que su cerebro estaba normal. El día se alargó y las asombrosas enfermeras y el personal del hospital nos llevaron a la habitación para preparar a Quinn para la anestesia. Abracé a mi pequeño mientras temblaba de miedo y cargué su cuerpo a la sala de tomografía, con cuidado de no tropezarme con los cables que llevaban a las diferentes partes de la maquinaria que estaría conectada a él. Sostuve sus manos y besé su cabeza cuando lo acosté en la mesa y traté de ser valiente cuando la anestesia recorrió su cuerpo, haciéndolo sentir ardor un momento antes de que gritara y se quedara dormido. Y luego de alguna manera me alejé de su cuerpo flácido a esperar.

La sala de espera estaba llena de padres cuyos hijos prácticamente vivían en ese hospital. Enfermedades muy graves que ni siquiera me podía imaginar eran la norma para estas familias. Y aunque tenía el corazón roto por mi propio hijo, no podía evitar estar agradecida por la buena salud que disfrutábamos. Dios me estaba dando una buena dosis de perspectiva.

Unas semanas más tarde, nos reunimos con su neurólogo pediatra. Tenía malas noticias y buenas noticias. Las buenas noticias eran que su cerebro se veía perfectamente normal, ¡no había tumores!

Las malas noticias eran que tenía una grave enfermedad en sus senos nasales y sus oídos. ¡El médico podía ver cinco focos distintos llenos de fluido solo en sus senos nasales! Su neurólogo explicó que esto podría estar provocando las migrañas de Quinn. Yo estaba emocionada y triste al mismo tiempo. Quinn nunca se quejó de que sus oídos le dolieran y aunque tenía escurrimiento nasal la mayor parte del tiempo, pensábamos que se relacionaba con un diagnóstico previo de alergia.

Varios especialistas más, tratamientos con medicamentos, terapia natural y mucha oración después estamos simplemente tratando de manejar las migrañas de Quinn.

En lo que se resume para mí, como una madre que ama a sus hijos y quiere lo mejor para ellos, es esto:

Dios ama a Quinn más que yo. Dios conoce el número

de los cabellos en la cabeza de Quinn y yo no. Dios planeó todos los días de Quinn antes de la fundación del mundo. Dios entretejió a Quinn, con todo y los senos nasales y los canales auditivos, en mi vientre para que sea este niño exacto. Dios tiene un buen plan para Quinn. Dios no está sorprendido por lo que está sucediendo. Dios no comete errores en la vida de Quinn. Dios usará esto en la vida de sus hermanos también para hacerlos más semejantes a Cristo.

Cuando descubrí que estaba embarazada, oré que Dios nunca permitiera que mis hijos sufrieran de migrañas. Siendo una persona que sufre de migrañas yo misma, sabía que era genético en nuestra familia. Y, no obstante, Dios permitió que eso fuera parte de la vida de mi hijo a una edad temprana. Yo podría haber estado bastante amargada en contra de Dios, pero por medio de la oración y de la lectura de mi Biblia, puedo entregar los problemas de salud de mi hijo al Señor y confiar en que su voluntad será usada de alguna manera en la vida de Quinn para hacerlo más semejante a Cristo.

La primera respuesta de mi hijo cuando llega una migraña es pedirme que ore. Respira con pesadez, se retuerce y da vueltas de dolor y sostiene mi mano mientras mami lo encomienda a Dios. Él tiembla mientras ora por alivio, pero confía en que Dios lo traerá.

Lo que sé es que cuando somos débiles, somos fuertes. Depender de la fuerza y gracia de Dios, incluso a los dos o tres años nunca es algo malo. Como su madre, no quiero que Quinn sufra. Pero en mi corazón sé que Dios permite el sufrimiento en este mundo caído para honrarlo. Y veo cómo esta prueba ya está moldeando el corazón de mi hijo. No podría pedir nada más para mis hijos.

En lugar de tratar de erradicar todo este sufrimiento de su vida, sé que este es un tiempo de enseñanza para todos nosotros en nuestra familia para aprender a aceptar nuestras pruebas, poner nuestra confianza en que Dios sacará algo bueno de esta difícil situación, y ver más allá de nuestro sufrimiento presente a un mejor futuro con Cristo.

Este mundo nos presentará dolor. Nos ofrecerá quebrantamiento. Fomentará el sufrimiento. Pero no nos define. No somos nuestro quebranto. Somos más que vencedores. Y aunque no quiero que mi hijo aprenda esta lección a los tres años, es hermoso verlo fuerte, devoto y confiando en su Salvador. Dios superó mi oración por oración perfecta por medio de responder mi mayor oración por todos mis hijos, que Dios haga lo que sea necesario para moldearlos para ser como Cristo y si las migrañas son el vehículo para hacerlo, que así sea.

Una novelista en ciernes, **Amber Lia** es madre de tres niños y escribe acerca de la fe y la familia en www.motherofknights.com. Ella y su esposo, Guy, comenzaron una empresa de producción amigable con la fe y la familia, Storehouse Media Group, con la meta de producir TV y hacer películas en Hollywood que honren a Dios e inspiren a otros.

46

CUANDO SEA ÚNICO EN SU ESPECIE

Porque tú formaste mis entrañas; tú me hiciste en el vientre de mi madre. Te alabaré; porque formidables, maravillosas son tus obras; estoy maravillado, y mi alma lo sabe muy bien. No fue encubierto de ti mi cuerpo, bien que en oculto fui formado, y entretejido en lo más profundo de la tierra. Mi embrión vieron tus ojos, y en tu libro estaban escritas todas aquellas cosas que fueron luego formadas, sin faltar una de ellas.

Salmos 139:13-16

Instruye al niño en su camino, y aun cuando fuere viejo no se apartará de él.

Proverbios 22:6

Oh Jehová, tú me has examinado y conocido. Tú has conocido mi sentarme y mi levantarme; Has entendido desde lejos mis pensamientos. Has escudriñado mi andar y mi reposo, Y todos mis caminos te son conocidos.

Salmos 139:1-3

SEÑOR:

Gracias por crear a mi hijo. Tú planeaste y conoces cada detalle de su personalidad, talentos y sueños. Tú pones el hermoso color en sus ojos y la curva de una sonrisa sobre su rostro. Tú sabes lo que lo hace reír, los héroes que admira y las grandes cosas que sueña lograr algún día. Lo conoces de todo a todo y lo amas por completo.

Mi hijo se siente atraído entre su deseo por destacar como único y la presión por conformarse y ser como todos los demás. Puede perder su confianza en que es un individuo especial, apartado por ti como tu hijo. Podría copiar el lenguaje, los intereses y las actitudes de los muchachos a su alrededor para sentir que pertenece. Ayúdalo a ver que es tuyo —creado, aceptado y amado—, de modo que sea libre para descubrir quién es en verdad.

Te pido por tu perspectiva para entender las cualidades únicas de mi hijo. Dame discernimiento para saber lo que lo motiva. Qué cualidades y habilidades debo alentar y apoyar. Cómo expresarle amor de una manera que realmente lo pueda sentir. Cuándo necesite espacio y cuándo deba acercarme un poco más. Cómo compartirle acerca de ti de maneras que capturen su corazón y su mente.

Dame un aprecio fresco por su individualidad. Ayúdame a valorar las partes de su personalidad que difieren de la mía. Guárdame de empujarlo a que sea el centro de la atención si prefiere estar callado. Que disfrute su personalidad llena de vida si él es el alma de la fiesta. Si sus intereses o pasatiempos quedan fuera de mi experiencia, que le dé todo el apoyo que pueda. Guárdame de presionarlo a convertirse en alguien que no es; está hecho a tu imagen y no la mía, y Tú eres el autor de su vida.

Ayúdame a soltar a mi hijo para que viva para ti y no para mí. Que descubra tu perfecta voluntad para su vida y que le dé la libertad plena de ir en pos de ti. En verdad él es una obra "formidable y maravillosa" y alabo tu nombre por permitirme ser su padre. Amén.

47

CUANDO GUARDE RENCOR

> Quítense de vosotros toda amargura, enojo, ira, gritería y maledicencia, y toda malicia. Antes sed benignos unos con otros, misericordiosos, perdonándoos unos a otros, como Dios también os perdonó a vosotros en Cristo.
>
> Efesios 4:31-32

Pero desecha las cuestiones necias e insensatas, sabiendo que engendran contiendas. Porque el siervo del Señor no debe ser contencioso, sino amable para con todos, apto para enseñar.

2 Timoteo 2:23-24

Mirad bien, no sea que alguno deje de alcanzar la gracia de Dios; que brotando alguna raíz de amargura, os estorbe, y por ella muchos sean contaminados.

Hebreos 12:15

Por lo tanto, como escogidos de Dios, santos y amados, revístanse de afecto entrañable y de bondad, humildad, amabilidad y paciencia, de modo que se toleren unos a otros y se perdonen si alguno tiene queja contra otro. Así como el Señor los perdonó, perdonen también ustedes.

Colosenses 3:12-13, NVI

PADRE:

Tú eres un Dios de justicia, paz y perdón. Gracias por cumplir cada una de tus promesas y dar tu fiel amor que nunca termina. Gracias por siempre hablar la verdad para que podamos confiar en ti de todas las maneras.

Conoces nuestro dolor de vivir en este mundo quebrado donde no recibimos el mismo tratamiento considerado y justo de todos a nuestro alrededor. Somos insultados, pasados por alto, abusados y engañados de maneras incontables. En nuestra debilidad nos encontramos siendo culpables de las mismas cosas que resentimos en los demás.

Mi hijo batalla con un corazón duro en contra de alguien que lo ofendió. Es difícil para él perdonar cuando siente que fue tratado de manera tan poco justa. La relación está rota y la confianza se ha ido. Sea que lo admita o no, le gustaría tomar venganza y ver que la persona "reciba su merecido".

Este resentimiento crece para convertirse en amargura en el corazón de mi hijo. Roba su gozo y genera distancia contigo y los demás. Se enfoca tanto en su propia herida y enojo que ha olvidado lo amado que es. Señala con su dedo los errores de otras personas e ignora cuánta gracia y perdón ha recibido él mismo. Esta "raíz de amargura" está generando problemas para mi hijo y necesita tu ayuda.

Dale a mi hijo la fuerza de soltar su enojo y dolor en tus manos. Suaviza su corazón para que pueda perdonar. Dale paciencia para soportar sus debilidades y fracasos y dale gratitud por la paciencia y misericordia que ha recibido. Dale sabiduría al hablar, guárdalo de calumniar a otro y provocar conflicto.

Libera a mi hijo del resentimiento que está partiendo su espíritu. Restáuralo y trae unidad a su relación dividida. Revélale tu poder, gracia y benignidad a mi hijo y que se vuelva como Cristo mientras le extiende compasión a los demás.

Gracias por amarnos en nuestras debilidades. Nos das mente y corazón nuevos para ser luz en este mundo oscuro. Te alabo por la paz que ofreces en cada situación. Amén.

48

CUANDO SUEÑE CON EL FUTURO

Deléitate asimismo en Jehová, y él te concederá las peticiones de tu corazón. Encomienda a Jehová tu camino, y confía en él; y él hará. Exhibirá tu justicia como la luz, y tu derecho como el mediodía.

Salmos 37:4-6

Encomienda a Jehová tus obras, y tus pensamientos serán afirmados. El corazón del hombre piensa su camino; mas Jehová endereza sus pasos.

Proverbios 16:3, 9

Fíate de Jehová de todo tu corazón, y no te apoyes en tu propia prudencia. Reconócelo en todos tus caminos, y él enderezará tus veredas.

Proverbios 3:5-6

PADRE:

Te agradezco hoy por el futuro que tienes planeado para mi hijo. Incluso ahora lo estás alistando para lo que tienes preparado a medida que crece en conocimiento y sabiduría. Usas cada desafío y experiencia para amoldarlo y moldearlo en el hombre que creaste originalmente. Te alabo por venir a este mundo para que mi hijo pudiera tener vida y para que la tenga en abundancia (Juan 10:10). En ti su futuro es brillante y lleno de esperanza. Vuelve el corazón de mi hijo hacia ti y tu voluntad. Que con gozo descubra tus planes perfectos para su educación, carrera, relaciones y servicio para tu iglesia. Que anhele seguirte en cada decisión y oportunidad que se le presente.

Rescata a mi hijo de las mentiras de este mundo. Se verá presionado a procurar la ambición y el éxito egoístas. Se le dirá que su valor yace en su popularidad y desempeño. Que encuentre su verdadera paz y satisfacción en vivir tu camino para su vida.

Ayuda a mi hijo a confiar en ti cuando se levanten barreras a sus sueños y metas. Dale paz de que Tú estás en control, y que allanarás el camino para que vaya exactamente a donde quieres que esté. Que tome decisiones en oración y por tu Palabra, dirigido por tu Espíritu en lugar de su propio entendimiento. Dale paciencia para ver tu voluntad cumplida en su vida.

Dale a mi hijo fe y confianza en ti. Que se someta a ti en cada aspecto de su vida. Sé glorificado mientras vive tus propósitos día a día. Amén.

49

CUANDO NECESITE LA INFLUENCIA DE SUS PADRES

Oye, hijo mío, la instrucción de tu padre, y no desprecies la dirección de tu madre; porque adorno de gracia serán a tu cabeza. Y collares a tu cuello [...] Oye a tu padre, a aquel que te engendró; y cuando tu madre envejeciere, no la menosprecies.

Proverbios 1:8-9; 23:22

Oye, hijo mío, y recibe mis razones, y se te multiplicarán años de vida. Por el camino de la sabiduría te he encaminado, y por veredas derechas te he hecho andar. Cuando anduvieres, no se estrecharán tus pasos, y si corrieres, no tropezarás. Retén el consejo, no lo dejes; guárdalo, porque eso es tu vida.

Proverbios 4:10-13

PADRE:

A medida que mi hijo crece y anhela independencia, parece desconectarse de mi voz más y más. Se vuelve impaciente cuando le pregunto acerca de su día o reviso su tarea y sus quehaceres. Prefiere pasar tiempo con sus amigos en línea o jugando videojuegos que pasar tiempo conmigo. Temo que pierdo su corazón mientras resiste mi influencia en su vida.

Mi hijo tendrá preguntas y decisiones difíciles que navegar a medida que crece. Necesita los beneficios de mi conocimiento y experiencia al abrirse camino en este mundo. Guarda nuestra relación de cualquier división que podría silenciar mi voz en su vida. Desarrolla confianza y seguridad entre nosotros para que mantenga un oído abierto a lo que tengo que decir. Has humilde su corazón para que caiga en cuenta de que no está listo para enfrentar los desafíos de la vida solo; necesita a su amoroso Padre celestial y la guía de sus padres para ayudarlo a lo largo del camino.

Dame sabiduría para saber cómo guiarlo y enseñarlo. Muéstrame cuándo necesita consuelo y un oído que lo escuche, y cuándo necesita mi instrucción y autoridad. Ayúdame a saber cuándo dar un paso atrás y permitirle que pruebe su independencia. Hazme una fuente fuerte de aliento con cada nuevo desafío y aventura que pueda enfrentar.

Sobre todo, muéstrame cómo orientar a mi hijo hacia ti. Que toda palabra de consejo, toda regla y límite, y todo esfuerzo para guiarlo esté modelado conforme a tu verdad. Hazme estar orando por su futuro y estar lleno de alabanza por lo que hace en su vida. Úsame para revelar tu amor y sabiduría. Mantennos cerca y ayúdanos a caminar junto contigo. Amén.

50

CUANDO LE DÉ DEMASIADO

> Vanidad y palabra mentirosa aparta de mí; no me des pobreza ni riquezas; mantenme del pan necesario; no sea que me sacie, y te niegue, y diga: ¿Quién es Jehová? O que, siendo pobre, hurte, y blasfeme el nombre de mi Dios.
>
> Proverbios 30:8-9

> No temáis, manada pequeña, porque a vuestro Padre le ha placido daros el reino. Vended lo que poseéis, y dad limosna; haceos bolsas que no se envejezcan, tesoro en los cielos que no se agote, donde ladrón no llega, ni polilla destruye. Porque donde está vuestro tesoro, allí estará también vuestro corazón.
>
> Lucas 12:32-34

PADRE:

Gracias por derramar bendiciones en la vida de mi hijo. Nunca le ha faltado alimento, vestido, refugio, diversión, educación o amor y afecto. Ha sido albergado y alimentado. Se le ha leído y se ha jugado con él. Asesorado y enseñado. Socializado y entretenido. Tiene una vida maravillosa rodeada por amor y cosas buenas.

Mis esfuerzos para mostrar amor y generosidad a mi hijo han comenzado a fomentar un sentir de tener derecho a ello. En lugar de decir: "Gracias", ahora dice: "¿Qué sigue?". Sus expectativas de regalos de cumpleaños y Navidad están saliéndose de toda proporción. Se queja de no tener los dispositivos más nuevos y vacaciones costosas como sus compañeros de clase. Se aburre con facilidad, es descuidado con sus pertenencias y se le termina el espacio para mantener sus cosas organizadas. Temo que, finalmente, en lugar de bendecirlo, lo he malcriado.

Ayuda a mi hijo a amar a la gente más que a las posesiones. Que valore su carácter más que sus pertenencias. Que vaya en pos de lo que durará por la eternidad: generosidad, justicia, compasión y amor por los demás. Dale un corazón que te ame más que nada, y que te reconozca como la fuente de todo lo que tiene. Restaura un corazón agradecido en mi hijo para que pueda descubrir el gozo en lo que en verdad importa más.

Dame sabiduría para mostrar moderación cuando estoy de compras. Guárdame de darle gratificación instantánea para que aprenda paciencia. Enséñame cómo mantenerme firme cuando reciba un no como respuesta. Crea oportunidades en las que bendigamos juntos a los demás y compartamos lo que tenemos. Que seamos definidos por nuestro amor, no por nuestras posesiones.

Te pido que tanto mi hijo como yo tomemos a pecho tu Palabra:

> Pero gran ganancia es la piedad acompañada de contentamiento; porque nada hemos traído a este mundo, y sin duda nada podremos sacar. Así que, teniendo sustento y abrigo, estemos contentos con esto. Porque los que quieren enriquecerse caen en tentación y lazo, y en muchas codicias necias y dañosas, que hunden a los hombres en destrucción y perdición; porque raíz de todos los males es el amor al dinero, el cual codiciando algunos, se extraviaron de la fe, y fueron traspasados de muchos dolores (1 Tim. 6:6-10).

Guárdanos del dolor que viene de amar más tus dones que a ti. Muéstrame cuándo el mejor regalo para él sea no comprarle nada. Guarda a mi hijo de todo tipo de codicia. Bendícelo con contentamiento y santidad todos los días de su vida. Amén.

Su pureza

> Pues no nos ha llamado Dios a inmundicia, sino a santificación.
>
> 1 Tesalonicenses 4:7

> Entre ustedes ni siquiera debe mencionarse la inmoralidad sexual, ni ninguna clase de impureza o de avaricia, porque eso no es propio del pueblo santo de Dios.
>
> Efesios 5:3, NVI

> El sexo es un maravilloso siervo, pero un amo terrible.
>
> Agustín[4]

Hoy vivimos en una sociedad cargada de sensualidad. Esta realidad se manifiesta de maneras únicas para nuestros hijos e hijas. A nuestras hijas se les enseña a usar el sexo para obtener relaciones y a nuestros hijos se les enseña a usar las relaciones para obtener sexo. Donde antes los ritos de iniciación de la adultez solían ser áreas de carácter, independencia y responsabilidad, los muchachos ahora definen su "madurez" a través de ver películas de contenido restringido, escuchar música sexualmente explícita o jugar videojuegos clasificación "M". La actividad sexual se ha convertido en símbolo de masculinidad para nuestra cultura.

Con cada vez menos hombres que permanezcan en casa para guiar a sus muchachos a la edad adulta, los jóvenes están perdidos y deben recurrir a dejar que la sociedad les diga lo que es un verdadero hombre. La otra realidad es que a todas partes donde miran nuestros chicos son inundados con imágenes y lenguaje sexuales. La cultura les miente a nuestros muchachos con que "todos lo hacen". Incluso los muchachos con los padres que más apoyan, que son modelos excelentes y tienen las mejores intenciones, todavía tienen que batallar con la lujuria de la carne que los está viendo a los ojos dondequiera que voltean. Es un desafío convencer a los chicos de que la razón por la que Dios les ha dicho que se abstengan del sexo hasta el matrimonio es por amor a ellos.

Mientras que nuestros chicos escuchan tantos mensajes que los alientan a ser sexualmente activos lo más temprano posible, no hay una voz fuerte que hable acerca de las consecuencias físicas, mentales y emocionales del sexo fuera del matrimonio. ¿Por qué deberían creer que hay un mejor camino y más excelente? ¿Cómo los persuadimos de que el plan de Dios les conviene más? Cuando las películas, los programas de televisión y las letras de las canciones suponen que el sexo es parte de cada salida a cenar, ¿qué los alentará a guardarse para su esposa? Al recibir la oferta de la libertad de compartir la intimidad con cualquiera y con todos, nuestros hijos no están al tanto de la verdad de que a través del sexo: "Los dos serán una sola carne" (1 Corintios 6:16).

Me rompe el corazón ver la manera en que el sexo casual ha traído dolor, confusión y daño físico a nuestros jóvenes. Padecen altas tasas de enfermedades, embarazos adolescentes, abortos y luchas emocionales porque no comprenden los riesgos y las consecuencias de sus actos. Podemos ver por qué Dios ha establecido un estándar tan alto de pureza a los hijos que ama.

La adicción a la pornografía por parte de hombres y mujeres se encuentra en el punto más alto de la historia. Continúa en crecimiento y distorsiona de manera permanente la belleza de la intimidad en el matrimonio. Ya no es una actividad secreta frente a una computadora o televisión en el sótano; se puede tener acceso a la pornografía en teléfonos y tabletas, lo cual les permite a los chicos esencialmente llevarla en su bolsillo trasero en todo tiempo. Es atemorizante como padre escuchar que la edad promedio de un muchacho para ver pornografía por primera vez es ocho años.[5] Esta es un área por la que los padres pueden orar en específico por la protección de sus hijos, ya que puede tener un impacto permanente en su relación con Dios y su matrimonio.

Ore que el Señor afirme los pasos de su hijo en su Palabra. Ore que el pecado sexual nunca lo atrape en adicción. Ore por sabiduría para saber cómo proteger su inocencia. Esto podría significar establecer filtros para internet en su computadora, con lo cual limite el acceso a los sitios públicos en casa, y mantenerse al tanto de las elecciones de entretenimiento que hace. Busque consejo divino sobre cuándo y cómo es apropiado hablarles de sexo a sus hijos, de salir con chicas y los peligros de la pornografía. Pídale al Señor que lo equipe para enseñarle a su hijo como son las relaciones y la sexualidad saludable y piadosa. Y ore que, si su hijo llega a tropezar, que Dios lo traiga a arrepentimiento y lo acerque más a Él.

Muchos de nosotros hemos puesto en entredicho nuestra pureza sexual en el pasado de maneras que lamentamos profundamente. Los padres pueden sentirse descalificados ellos mismos de exigirle a sus hijos que guarden los estándares de Dios ya que ellos mismos han fallado en esa área. Tenemos miedo de ser hipócritas al pedirles que vivan valores que nosotros no cumplimos. Es importante recordar que en Cristo somos nuevas criaturas. La persona que usted es hoy conoce la verdad y busca vivir por ella. No permita que las mentiras del enemigo eviten que usted aliente a su hijo a mantenerse puro a causa de sus propios pecados. El Señor ya los ha perdonado y removido "cuanto está lejos el oriente del occidente" (Salmos 103:12).

Mientras que no pensamos que sea sabio cargar a nuestros hijos con cada detalle de nuestros errores pasados, podemos usarlos para ayudarlos a comprender que el pecado y la tentación sexual son luchas universales de cada persona. Se sentirán alentados por tener un padre que puede mostrar compasión por lo que están pasando. El Señor mismo se puede identificar con lo que nuestros hijos experimentan.

"Porque no tenemos un sumo sacerdote incapaz de compadecerse de nuestras debilidades, sino uno que ha sido tentado en todo de la misma manera que nosotros, aunque sin pecado. Acerquémonos, pues, confiadamente al trono de la gracia, para alcanzar misericordia y hallar gracia para el oportuno socorro" (Hebreos 4:15-16).

Gracias a Cristo, nuestros hijos no tienen que manejar solos la tentación. Podemos alentar a nuestros hijos a tomar decisiones cuidadosas a lo largo del camino, sin ceder terreno en pequeñas áreas que pudieran llevar a rendirlo todo al final. Podemos apoyarlos a buscar amigos y mentores que sigan al Señor y que rindan cuentas en caso de que su compromiso o su pureza se vieran sacudidos. Podemos establecer límites alrededor de sus actividades sociales y elecciones de entretenimiento que pudieran influenciar sus actitudes con respecto a las mujeres y el sexo. Y podemos orar que confíe en Dios para su futuro; que Dios tiene el propósito de que tenga una relación increíble llena de amor con su esposa que lo satisfaga en todos los aspectos.

Cuando vemos a tantos jóvenes que rechazan los

valores en los que fueron criados, nos podemos preguntar si orar por nuestros hijos en realidad sirve de algo. Pensamos que "los muchachos son así", y renunciamos a creer que nuestra influencia y oraciones marcan alguna diferencia. No renuncie a la esperanza ni deje de lado el poder espiritual de la oración por su hijo. Dios nos promete en su Palabra que "esta es la confianza que tenemos en él, que si pedimos alguna cosa conforme a su voluntad, él nos oye. Y si sabemos que él nos oye en cualquiera cosa que pidamos, sabemos que tenemos las peticiones que le hayamos hecho" (1 Juan 5:14-15). Pídale que fortalezca su fe mientras usted pone a su hijo en sus manos.

Para los padres que están en duelo porque su hijo puso en entredicho su pureza en alguna manera, alienten su corazón. Dios está en el negocio de renovarnos. Nos ofrece perdón, restauración y un nuevo comienzo. Pida su ayuda para tratar con su enojo y decepción. Pídale que restaure la confianza que ha sido vulnerada entre ustedes. Guarde su mente de culparse y de los "y si" con los que nos cargamos como padres. Comparta escrituras con su hijo acerca de la gracia de Dios como 1 Juan 1:9: "Si confesamos nuestros pecados, él es fiel y justo para perdonar nuestros pecados, y limpiarnos de toda maldad".

Nuestro Padre aprecia a nuestros hijos de toda manera, al igual que nosotros. En Él encontramos esperanza para el futuro de nuestros hijos y en las personas en las que se convertirán. En el Señor nuestros muchachos pueden encontrar la fuerza que necesitan para seguirlo en cada aspecto de su vida. No nos rindamos jamás de animar a nuestros hijos ni de cubrirlos en oración.

51

CUANDO CONSIDERE SALIR

Sobre toda cosa guardada, guarda tu corazón; porque de él mana la vida.

Proverbios 4:23

Huye también de las pasiones juveniles, y sigue la justicia, la fe, el amor y la paz, con los que de corazón limpio invocan al Señor.

2 Timoteo 2:22

El amor sea sin fingimiento. Aborreced lo malo, seguid lo bueno. Amaos los unos a los otros con amor fraternal; en cuanto a honra, prefiriéndoos los unos a los otros. En lo que requiere diligencia, no perezosos; fervientes en espíritu, sirviendo al Señor.

Romanos 12:9-11

Y esto pido en oración, que vuestro amor abunde aun más y más en ciencia y en todo conocimiento, para que aprobéis lo mejor, a fin de que seáis sinceros e irreprensibles para el día de Cristo.

Filipenses 1:9-10

PADRE:

En tu perfecta sabiduría Tú creaste el romance, el matrimonio y las familias. Incluso ahora Tú estás preparando el corazón de mi hijo para amar y entregarse a su esposa. En el camino hacia el matrimonio quizá se relacione con señoritas que moldearán al hombre y esposo en el que se convertirá. Necesita tu ayuda para guardar su corazón y tomar decisiones sabias acerca de cada relación.

Dale a mi hijo el deseo de honrar y proteger a las niñas en su vida. Que aprecie a cada jovencita no solo como una amiga o atracción romántica, sino como una creación invaluable de Dios. Que se dedique a orar por las jóvenes que pongas a su alrededor y que las sirva.

Que sus palabras sean respetuosas y amables, llenas de ánimo y afirmación de las cualidades únicas que poseen. Úsalo para compartir su conocimiento de ti y tu amor sacrificial con cada chica que conozca.

Nuestra cultura lo alentará a usar a las jóvenes como objetos para su propia gratificación. Guárdalo de salir con chicas solo para levantar su autoimagen y reputación. Dale ojos para ver más allá de la apariencia de una chica a su corazón para que pueda valorar su belleza interna. Dale una pasión por lo que es bueno y puro para que huya de cualquier tentación sexual que salir con chicas pueda traer.

Dale discernimiento a mi hijo para salir por las razones correctas. Que guarde su corazón para que no malgaste su atención y afecto en solo cualquier chica que se ponga a su disposición. Guárdalo de salir con chicas solo por diversión; mantén su mente fija en prepararse para el matrimonio que tienes preparado. Ayúdalo a honrar y a respetar mi consejo a medida que toma decisiones acerca de las relaciones con las que sale.

Que yo establezca el ejemplo de un creyente que viva de manera sincera para ti. Que tenga un espíritu gentil y generoso que mi hijo quiera imitar y encontrar en su amada. Prepárame incluso ahora para aceptar a la chica que capture el corazón de mi hijo. Ayúdame a alentarlos en su obediencia y amor por ti. Enséñame a confiarte su futuro en lugar de tratar de controlar cada decisión con respecto a las citas. Tu voluntad es buena y perfecta; te pido que descubra tu maravilloso plan mientras busca amor.

Gracias por mi hijo y todas las cualidades maravillosas que comparte con sus amigos y seres queridos. Acércalo a ti mientras comparte su corazón con otros. Amén.

52

CUANDO PUEDA SER UN LÍDER

Ninguno tenga en poco tu juventud, sino sé ejemplo de los creyentes en palabra, conducta, amor, espíritu, fe y pureza.

1 Timoteo 4:12

Como ustedes saben, los gobernantes de las naciones oprimen a los súbditos, y los altos oficiales abusan de su autoridad. Pero entre ustedes no debe ser así. Al contrario, el que quiera hacerse grande entre ustedes deberá ser su servidor, y el que quiera ser el primero deberá ser esclavo de los demás; así como el Hijo del hombre no vino para que le sirvan, sino para servir y para dar su vida en rescate por muchos.

Mateo 20:25-28, NVI

El obispo tiene a su cargo la obra de Dios, y por lo tanto debe ser intachable: no arrogante, ni iracundo, ni borracho, ni violento, ni codicioso de ganancias mal habidas. Al contrario, debe ser hospitalario, amigo del bien, sensato, justo, santo y disciplinado. Debe apegarse a la palabra fiel, según la enseñanza que recibió, de modo que también pueda exhortar a otros con la sana doctrina y refutar a los que se opongan.

Tito 1:7-9, NVI

SEÑOR:

Te pido que equipes a mi hijo para servir como líder. Incluso ahora, te pido que sea uno que sea "amigo del bien, sensato, justo, santo y disciplinado". Permítele asirse de la verdad de tu Palabra, y habilítalo para enseñarle tu mensaje a cualquiera. A medida que su futuro se despliega, usa a mi hijo para liderar a sus compañeros de clase, compañeros de trabajo y familias a un conocimiento más profundo de ti.

Dale a mi hijo un corazón que le encante servir. Muéstrale cómo usar sus fortalezas y talentos para cuidar y ayudar. Llénalo con confianza de que sus esfuerzos puedan marcar una diferencia en este mundo oscuro. Que revele el amor de Cristo a medida que trabaje para liderar, enseñar y darse a los demás. Prepara a mi hijo incluso ahora para liderar a su familia en amor y piedad.

Provéele oportunidades para que tome responsabilidades únicas en la escuela. Tráele respeto e influencia en su centro de trabajo, equípalo para realizar su trabajo con integridad. Usa su energía, compromiso y respeto por la autoridad como un ejemplo para cualquier equipo u organización de la que es parte. Habilita a mi hijo para ser un líder por medio de vivir solo conforme a tus estándares perfectos.

Guarda las palabras de mi hijo de mentiras, malas palabras, quejas o insultos que pongan en tela de juicio su credibilidad. Que controle su carácter y que muestre dominio propio. Dale humildad para que no se vuelva pesado ni abuse de los demás. Protégelo de cualquier adicción —a las drogas, el alcohol, la pornografía o el juego— que pudiera tomar el control de su vida. Hazlo disciplinado para hacer su trabajo a conciencia y que se gane la reputación de fidelidad y confiabilidad. Edifícalo como un ejemplo para los demás por medio de mostrar tu bondad y santidad en su vida.

Gracias por ser nuestro líder perfecto. Todos tus caminos son perfectos y Tú nos amas por completo. Podemos confiar en que nos lleves exactamente a dónde deberíamos ir, y que nos enseñes cómo vivir y conocerte. Danos corazones que se sometan a tu autoridad en toda manera. Ayúdanos a seguirte todos los días de nuestra vida. Amén.

53

CUANDO SE SIENTA DEPRIMIDO

En Jehová se gloriará mi alma; lo oirán los mansos, y se alegrarán [...] Busqué a Jehová, y él me oyó, y me libró de todos mis temores. [...] Cercano está Jehová a los quebrantados de corazón; y salva a los contritos de espíritu.

Salmos 34:2, 4, 18

Se deshace mi alma de ansiedad; susténtame según tu palabra.

Salmos 119:28

El corazón alegre constituye buen remedio; mas el espíritu triste seca los huesos.

Proverbios 17:22

Jehová Dios mío, a ti clamé, y me sanaste [...] Has cambiado mi lamento en baile; desataste mi cilicio, y me ceñiste de alegría. Por tanto, a ti cantaré, gloria mía, y no estaré callado. Jehová Dios mío, te alabaré para siempre.

Salmos 30:2, 11-12

PADRE:

Conoces el dolor, la decepción y la tristeza que experimentamos en esta vida. Sabes cómo se siente estar solo y traicionado. Sufrimos enfermedad, fracaso y vergüenza, y la pérdida de sueños y seres queridos. En tu misericordia nos traes consuelo y la fuerza para seguir adelante.

Mi hijo sufre y ha perdido su gozo. Las amistades y actividades que suele disfrutar han perdido su atractivo. Su energía es baja; está poco motivado para ir en pos de sus metas o lo que necesita lograr cada día. Echo de menos su risa y entusiasmo. Temo que no podrá vencer la negatividad que ha tomado control de su espíritu. Solo Tú lo puedes rescatar de la depresión y el desaliento.

Trae tu sanidad perfecta al corazón de mi hijo. Guarda su mente de permanecer en su dolor. Ayúdalo a ver a través de la mentira de que los problemas de hoy durarán para siempre. Que recuerde tu amor; que confíe en tu poder para salvarlo y cuidar de cada una de sus necesidades.

Reemplaza las preocupaciones y quejas de mi hijo con gratitud y paz. Rodéalo con familiares y amigos que lo amen profundamente para protegerlo de aislamiento. Dale fuerza y resistencia para caminar por este valle sin dejar la esperanza.

Muéstrame cómo edificar a mi hijo. Dame sabiduría para saber cómo alentarlo. Dirígeme en proveer cualquier apoyo médico o espiritual que lo ayude en su sanidad. Guarda mi corazón de temor y preocupación; déjame confiar en ti plenamente para restaurar la paz y el gozo de mi hijo.

Gracias por convertir nuestro "lamento en baile". Tú estás cerca, eres fuerte y tu amor está más allá de lo que podemos imaginar. Amén.

54

CUANDO NECESITE UN BUEN AMIGO

> No os unáis en yugo desigual con los incrédulos; porque ¿qué compañerismo tiene la justicia con la injusticia? ¿Y qué comunión la luz con las tinieblas?
>
> 2 Corintios 6:14

Los justos dan buenos consejos a sus amigos, los perversos los llevan por mal camino.

Proverbios 12:26, NTV

Mejores son dos que uno; porque tienen mejor paga de su trabajo. Porque si cayeren, el uno levantará a su compañero; pero ¡ay del solo! que cuando cayere, no habrá segundo que lo levante. También si dos durmieren juntos, se calentarán mutuamente; mas ¿cómo se calentará uno solo? Y si alguno prevaleciere contra uno, dos le resistirán; y cordón de tres dobleces no se rompe pronto.

Eclesiastés 4:9-12

SEÑOR:

Gracias por el don de la amistad. Tú sabes cómo una palabra de ánimo, la risa compartida con otros y un sentido de pertenencia le añaden gozo a nuestra vida. Nuestros amigos pueden sacar lo mejor de nosotros y darnos recuerdos de por vida. Cuando sufrimos a través de los desafíos y la pérdida, nuestros amigos dan consuelo y ayuda cuando más los necesitamos. Sentimos tu amor a través del buen corazón de los que has puesto a nuestro alrededor. Te pido que mi hijo encuentre un amigo fuerte y leal.

Trae a alguien a su vida que lo acepte como es y que lo haga sentir valorado. Ayúdalo a encontrar más que un compañero de juegos, un amigo que lo edifique, lo anime a ir en pos de sus metas y lo aliente a seguirte. Crea una relación que permanezca firme a través de los desafíos y los desacuerdos. Que su amigo no solo sea un compañero, sino un hermano espiritual en Cristo. Únete a ellos para hacer un "cordón de tres dobleces" que dure a lo largo del tiempo.

Dale discernimiento a mi hijo para extenderle una mano a los que lo tratarán con respeto y amabilidad. No dejes que se conforme con relaciones que lo destruyen solo para evitar sentirse solo. Dale paciencia para esperar las mejores amistades que tienes preparadas.

Prepara a mi hijo incluso ahora para que sea un regalo para los demás. Enséñale generosidad y consideración. Que aprenda a poner primero a los demás y a escuchar lo que tengan que decir. Dale un corazón compasivo que esté dispuesto a ayudar y animar a los que estén a su alrededor. Hazlo tu luz y revélate a través de su amor y obediencia.

Gracias que, a través de Jesús, somos llamados amigos de Dios. Revélale a mi hijo lo cercano que estás de él: Tú escuchas, te preocupas, le das tu fuerza y compartes cada tristeza y gozo que experimentará. En ti nunca está solo. Amén.

55

CUANDO NECESITE UN BUEN EJEMPLO

El hierro se afila con el hierro, y el hombre en el trato con el hombre.

Proverbios 27:17, NVI

Y considerémonos unos a otros para estimularnos al amor y a las buenas obras; no dejando de congregarnos, como algunos tienen por costumbre, sino exhortándonos; y tanto más, cuanto veis que aquel día se acerca.

Hebreos 10:24-25

Que los ancianos sean sobrios, serios, prudentes, sanos en la fe, en el amor, en la paciencia [...] Exhorta asimismo a los jóvenes a que sean prudentes; presentándote tú en todo como ejemplo de buenas obras; en la enseñanza mostrando integridad, seriedad.

Tito 2:2, 6-7

PADRE:

Crecer en este mundo puede ser difícil y confuso. Mi hijo enfrenta las tentaciones de vivir para sí mismo y rechazar tu verdad. Puede desanimarse por el fracaso en la escuela o el rechazo de otros muchachos. Sus intereses fluctúan y no está seguro de que alguna vez encuentre sus verdaderos talentos o sueños. Los atletas y celebridades que admira experimentan fracaso y vergüenza y se pregunta si hay algún héroe de verdad. Los desafíos que enfrentará a medida que avanza a la adultez parecen abrumadores.

En tu gran misericordia entiendes que necesita ayuda para encontrar su camino. Le diste tu Palabra, tu Espíritu y nuestra familia para levantarlo en cada situación. Te pido que también rodees a mi hijo de hombres piadosos que lo animen y le enseñen cómo seguirte.

Mi hijo necesita el don de un mentor que venga a su lado en este momento. Necesita ver a un hombre vivir su fe en tiempos difíciles. Que vea un ejemplo de generosidad con los necesitados. Dominio propio frente a la tentación. Resistencia cuando haya un trabajo difícil que se tiene que hacer. Paciencia y perdón para el débil y el inmaduro. Una mano de ayuda para los que batallan. Una amistad fiel que permanezca sin importar qué. Conocimiento de tu Palabra y persistencia en la oración. Él necesita *verte* en la vida de otros hombres a su alrededor.

Pon una carga por mi hijo en el corazón de hombres maduros en la fe, para que se acerquen y cuiden de él. Crea oportunidades para que se puedan conectar. Abre el corazón de mi hijo para darle la bienvenida a su influencia. Dale oídos para escuchar su enseñanza y consejo. Habla a través de las palabras de sus mentores para que pueda descubrir tu verdad y tu voluntad.

Te agradezco que mi hijo no tiene que resolver la vida por su propia cuenta. Te alabo por amarnos a través de otros creyentes. Confío en que equiparás a mi hijo a convertirse en un líder espiritual él mismo algún día. Instrúyelo y úsalo para la causa de Cristo. Amén.

56

CUANDO NECESITE ESPERAR

Por nada estéis afanosos, sino sean conocidas vuestras peticiones delante de Dios en toda oración y ruego, con acción de gracias. Y la paz de Dios, que sobrepasa todo entendimiento, guardará vuestros corazones y vuestros pensamientos en Cristo Jesús.

Filipenses 4:6-7

La esperanza frustrada aflige al corazón; el deseo cumplido es un árbol de vida.

Proverbios 13:12, NVI

Pero los que esperan a Jehová tendrán nuevas fuerzas; levantarán alas como las águilas; correrán, y no se cansarán; caminarán, y no se fatigarán.

Isaías 40:31

Sin embargo, yo confío en que veré la bondad del Señor mientras estoy aquí, en la tierra de los vivientes. Espera con paciencia al Señor; sé valiente y esforzado; sí, espera al Señor con paciencia.

Salmos 27:13-14, NTV

PADRE:

Gracias por tus planes buenos y perfectos para la vida de mi hijo. Tiene mucho que esperar y maravillosas esperanzas para el futuro. No obstante, es difícil esperar lo que tienes preparado.

Te pido que le enseñes paciencia y fe a mi hijo en cada situación que se le presente. Tendrá que esperar su reporte de calificaciones después de un semestre desafiante. Se preguntará si será aceptado en su escuela favorita y qué tipo de ayuda financiera recibirá. Oportunidades de empleo, intereses románticos, pruebas para entrar a equipos deportivos, audiciones, viajes y campamentos de verano; todas estas posibilidades pueden tomar tiempo en desarrollarse y suceder. Se frustra al preguntarse qué sucederá y tener que esperar para saberlo.

Mi hijo también necesitará resistencia para atravesar tiempos difíciles. Una lesión puede requerir un reposo largo para sanar. Una clase difícil puede exigir horas de estudio y estrés adicionales. Las amistades con tensiones requieren tiempo y persistencia para arreglarse. Quizá requiera muchas semanas de mesadas y trabajos adicionales ahorrar para algo importante. Dale a mi hijo tu fuerza y ayuda para esperar tus respuestas a su oración.

Ayuda a mi hijo a vivir en el momento en lugar de mantener su mente en el porvenir. Enfoca su energía en las relaciones y responsabilidades de hoy para que pueda darles toda su atención. Hazlo agradecido de las bendiciones de cada día sin perderse en ilusiones. Dale un espíritu tenaz para mantenerse trabajando hacia sus metas sin rendirse.

Enséñale a confiar en ti; que aprenda a orar continuamente y a encontrar tu paz. Usa los tiempos de espera y de preguntarse por el futuro para volver su corazón hacia ti. Haz que esté dispuesto a descubrir tu voluntad en cada área de su vida. Que rinda sus esperanzas y sueños a tu control, y que crea que tu tiempo y tus planes son perfectos. Dale paz y paciencia a medida que ponga todas las cosas en tus manos.

Gracias por no darnos todo lo que queremos cuando lo queremos. En tu bondad nos enseñas a esperar. Nos das reposo cuando estamos preocupados e impacientes. Satisfaces nuestros anhelos más profundos y nos das esperanza para el mañana. Eres todo lo que necesitamos. Amén.

Una historia de oración

Y de igual manera el Espíritu nos ayuda en nuestra debilidad; pues qué hemos de pedir como conviene, no lo sabemos, pero el Espíritu mismo intercede por nosotros con gemidos indecibles.

Romanos 8:26

Nuestro hijo mayor tenía seis años cuando lo conocimos, siete cuando vino a vivir con nosotros y ocho cuando se volvió legalmente nuestro. Sabíamos que sus primeros años de trauma y abandono presentarían desafíos a medida que luchara por encajar en una relación saludable padre e hijo. Anhelaba controlarnos. Anhelaba controlar cada pequeño detalle de su vida, y buena parte del tiempo se presentaba como el hijo perfecto. Después del año inicial de establecerse en nuestra familia, solo en raras ocasiones vimos la furia que mantenía debajo de la superficie; cada cuatro o seis meses sacaba su horrible cabeza durante una semana o dos, y terminábamos lastimados y maltratados emocionalmente. Tan rápido como comenzaba, pasaba la tormenta, y una vez más volvía a ser "perfecto".

Pasarían varios años antes de descubrir justo cuánto temor y furia mantenía nuestro hijo dentro de su corazón. Mudamos a nuestra creciente familia a una muy necesaria casa más grande en mayo de 2012, cuando tenía doce y medio. Aunque esperábamos un poco de reacción negativa por parte de nuestro hijo, quien sufre de un trastorno reactivo de apego y que también mostraba las primeras señales de adolescencia no teníamos idea del efecto tan devastador que tendría en él. Los cinco años y medio que pasamos en nuestro pequeño rancho de un solo baño habían sido los únicos años estables de su vida, y la conmoción de la mudanza fue demasiado para él. Su fachada calmada se derrumbó.

Cuando su corazón paternal se rompe y sus peores

temores se están materializando, comienza a orar de una manera completamente ajena. Se fueron mis murmullos nocturnos de: "Dios, por favor, ayúdalo a crecer en un hombre responsable de Dios". Esas oraciones sencillas de clima tranquilo fueron reemplazadas por ruegos angustiantes entre sollozos mientras mi hijo se deslizaba cada vez más lejos. Era incontrolable. Los ataques diarios de ira violenta dieron paso a una serie de estancias en una clínica de salud mental, varias llamadas al 911, viajes a urgencias, amenazas a la vida de mi marido y la mía y de nuestro bebé no nacido y finalmente un arresto. Mi corazón se entumeció. Estaba enojada, exhausta y espiritualmente incapaz de mantener la cabeza por encima del agua. Mantuve conmigo mi pequeña Biblia morada todo el tiempo, y mientras tuve la habilidad de leerla o descifrarla en esos días tan oscuros, dormí con una mano asida de ella debajo de mi almohada. El Espíritu gemía dentro de mí mientras clamaba a Dios, y sabía que escuchaba cada una de mis necesidades.

Durante varios meses, mientras mi traumatizado hijo hacía de las suyas dentro de las paredes del centro de detención para menores, mi marido trabajaba incesantemente a su favor, sin dejar una sola piedra sin voltear en su búsqueda para encontrar ayuda. Fuimos dirigidos y redirigidos, se nos ofrecieron servicios inútiles, fuimos aplazados e ignorados. Todos estaban de acuerdo en que no era seguro traerlo a casa; sin embargo, nadie ofrecía soluciones. Queríamos encontrar un lugar donde lo pudieran ayudar y no solo encerrarlo, pero nuestro seguro se rehusó a ayudar, lo mismo que Medicaid, el subsidio de adopción y cualquier otra entidad estatal o federal que contactamos. El consejo recibido de más de una "autoridad" nos dejó impactados; se nos aconsejó abandonar a nuestro hijo, renunciar a nuestros derechos como padres porque había más fondos disponibles para niños que habían sido abandonados. Nos rehusamos. Dios nuestro Padre nunca se ha dado por vencido con nosotros en nuestra rebelión, y nosotros no nos daríamos por vencidos con nuestro hijo.

Seguimos esperando en el Señor y nos bendijo con su paz, junto con la seguridad de que cada puerta se cerraría excepto la que Él había escogido.

En el último segundo posible, a unas horas de una audiencia en la que los juzgados decidirían el futuro de nuestro hijo nuestra iglesia se ofreció a pagar las cuotas de inscripción y la mensualidad del primer mes para un internado terapéutico con el que habíamos estado en contacto: una institución cristiana diseñada para ayudar a los jóvenes con luchas. Mientras que todas las demás puertas se habían cerrado, estos arreglos se alinearon sin esfuerzo: el juzgado, la escuela, los fondos, los hombres que transportarían a mi hijo… cada detalle quedó perfectamente orquestado. No podíamos pagar esta escuela y no teníamos idea de cómo pagaríamos la segunda mensualidad; no obstante, dimos un paso de fe al saber que este era el camino escogido por Dios. Un año y medio más tarde, Dios ha continuado supliendo cada mensualidad.

A nuestro hijo le está yendo extraordinariamente bien, y nunca hemos dudado de que es donde necesita estar. La escuela está llena de hombres piadosos que se preocupan de manera genuina por él y su futuro, y estamos viendo evidencia de madurez y dominio propio. Mi mayor oración ahora es que Dios abrace a mi hijo cuando no puedo hacerlo, y que Él nos muestre cuando sea el tiempo de traerlo a casa.

• •

Lisa es la feliz esposa de un hombre barbudo muy divertido, es una madre que enseña a sus seis hijos en casa, dos de los cuales se unieron a la familia por medio del programa de adopción de niños más grandes. Escribe acerca de criar niños con trastorno de apego reactivo, su loca familia y su jornada de toda la vida de vencerse a sí misma. Siéntase libre de visitarla en www.lisa-overcomingmyself.blogspot.com, pero no espere perfección; cualquier cosa buena en Lisa se la adjudica a Jesucristo. Y, también, si quiere escuchar un par de músicos muertos de hambre, puede ver su aventura musical, The Growing Roots, en http://www.reverbnation.com/981069.

57

CUANDO NECESITE A SU PADRE

Sean siempre humildes y amables. Sean pacientes unos con otros y tolérense las faltas por amor. Hagan todo lo posible por mantenerse unidos en el Espíritu y enlazados mediante la paz.

Efesios 4:2-3, NTV

Padre de huérfanos y defensor de viudas es Dios en su santa morada.

Salmos 68:5

El amor es paciente, es bondadoso. El amor no es envidioso ni jactancioso ni orgulloso. No se comporta con rudeza, no es egoísta, no se enoja fácilmente, no guarda rencor. El amor no se deleita en la maldad, sino que se regocija con la verdad. Todo lo disculpa, todo lo cree, todo lo espera, todo lo soporta. El amor jamás se extingue.

1 Corintios 13:4-8, NTV

SEÑOR:

Tú eres nuestro perfecto Padre fiel. Cuidas de nosotros cuando traemos nuestras necesidades a ti. Siempre que estamos solos o tenemos miedo, podemos correr a ti por consuelo. Nos enseñas lo que necesitamos saber y nos compartes tu asombrosa sabiduría para cada situación confusa. Eres nuestro poderoso protector cuando estamos en peligro. Compartes cada celebración y tristeza que experimentamos. Siempre estás cercano, eres paciente, sabio y gentil. No hay padre en la Tierra como Tú. Gracias por demostrar el amor de tu corazón paternal a través del cuidado y benignidad de nuestros padres terrenales. Te pido que fortalezcas la relación de mi hijo conmigo como su padre y te reveles a nosotros en medio de ello. Trae unidad donde haya división en este momento. Danos paciencia para escuchar el punto de vista del otro. Guárdanos de una batalla de voluntades, donde nuestra energía se enfoque en ganar en lugar de en comprendernos. Danos perdón para cualquier palabra áspera que haya sido hablada con enojo. Haznos humildes para admitir en qué nos equivocamos y ayúdanos a comenzar de nuevo. Dame la habilidad de aceptarlo tal como es. Ayúdame a disfrutar las cualidades únicas de mi muchacho, sea que tengamos mucho en común o no. Habilítame para soltar a mi hijo para que siga tu dirección en lugar de tratar de controlar su destino.

Muéstranos maneras en que podamos conectarnos y disfrutar tiempo juntos. Haz de mi hijo una alta prioridad para que no sea hecho a un lado por trabajo, entretenimiento o pasatiempos. Dame la convicción de que la cantidad de tiempo y no solo la calidad, es necesaria para unirnos y darme influencia duradera. Acércanos más a ti. Que yo descubra las poderosas verdades de tu Palabra para que pueda guiar a mi hijo a Jesús. Ayúdame a obedecerte en todas las cosas para que pueda establecer un fuerte ejemplo de integridad. Dame el fruto del Espíritu —amor, gozo, paz, paciencia, benignidad, bondad, fe, mansedumbre y dominio propio— para que mi hijo pueda ver en mí la naturaleza de Dios mismo.

Gracias por ser nuestro Padre. No importa lo cerca o lejos, fuertes o débiles, que puedan ser nuestros padres terrenales, Tú siempre estás con nosotros y nos amas en todos los aspectos. Que mi hijo te descubra como su verdadero Padre y camine contigo todos los días de su vida. Amén.

58

CUANDO TENGA UN PROBLEMA

Dios, pues, suplirá todo lo que os falta conforme a sus riquezas en gloria en Cristo Jesús. Al Dios y Padre nuestro sea gloria por los siglos de los siglos. Amén.

Filipenses 4:19-20

No os afanéis, pues, diciendo: ¿Qué comeremos, o qué beberemos, o qué vestiremos? Porque los gentiles buscan todas estas cosas; pero vuestro Padre celestial sabe que tenéis necesidad de todas estas cosas. Mas buscad primeramente el reino de Dios y su justicia, y todas estas cosas os serán añadidas.

Mateo 6:31-33

Jehová es bueno, fortaleza en el día de la angustia; y conoce a los que en él confían.

Nahúm 1:7

PADRE:

Tú sabes lo que mi hijo necesita hoy. Se ha preguntado, esperado e imaginado cómo se resolverá esta situación. No tengo los medios para proveerle yo mismo. Está preocupado de que el tiempo se le terminará antes de que llegue la solución. Está ansioso y temeroso; no está seguro de que lo escuchas cuando pide ayuda.

Gracias por darle a mi hijo un problema que no pueda resolver.

Lo has acorralado en un rincón en el que eres su única esperanza. Usa este tiempo de necesidad como un poderoso medio de revelar lo bueno y fiel que eres. Tú guardas tus promesas y cuidas de nosotros. Que experimente las riquezas de tu gloria y alabe tu nombre por venir a su rescate. Dame la fe para confiar en que ayudarás a mi muchacho. Cuando tiene hambre, yo lo alimento. Cuando tiene heridas, yo se las vendo. Es difícil pasar este tiempo sin tener la capacidad de liberarlo de esta dificultad. Tranquiliza mi corazón para que esté quieto y espere con expectativa las maravillosas cosas que harás. Te pido que mi hijo busque tu Reino y su justicia sobre todo lo demás. Dale una profunda conciencia de su necesidad espiritual de ti que sea mayor que cualquier otra necesidad física que sufra alguna vez. Que te ame ahora, incluso antes de que le hayas traído alivio. Enséñale a orar y habilítalo para creer en ti.

Ayúdanos a recordar todo lo que has hecho por nosotros en el pasado. Danos corazones agradecidos por tu benignidad y generosidad, en lugar de agobiarnos y quejarnos por los problemas de hoy. Tú *siempre* eres fiel.

Gracias por amar a mi hijo. Eres todo para nosotros. Eres nuestra vida. Amén.

59

CUANDO SIENTA LA PRESIÓN DEL LOGRO

> Pues, ¿busco ahora el favor de los hombres, o el de Dios? ¿O trato de agradar a los hombres? Pues si todavía agradara a los hombres, no sería siervo de Cristo.
>
> Gálatas 1:10

Porque ¿qué tiene el hombre de todo su trabajo, y de la fatiga de su corazón, con que se afana debajo del sol? Porque todos sus días no son sino dolores, y sus trabajos molestias; aun de noche su corazón no reposa. Esto también es vanidad. No hay cosa mejor para el hombre sino que coma y beba, y que su alma se alegre en su trabajo. También he visto que esto es de la mano de Dios.

Eclesiastés 2:22-24

Y todo lo que hagáis, hacedlo de corazón, como para el Señor y no para los hombres; sabiendo que del Señor recibiréis la recompensa de la herencia, porque a Cristo el Señor servís.

Colosenses 3:23-24

PADRE:

Parece que mi hijo es clasificado y medido en cada situación en la que se encuentra. Todos los muchachos saben quién es el mejor de su grupo, quién anotó en el juego de eliminatorias, quien fue electo presidente de su generación y quién es el primer músico de la banda. Se etiquetan según su popularidad y talento. Mi hijo lleva sobre sí la tensión de preguntarse si pasará o reprobará, si será incluido o hecho a un lado, si será nombrado ganador o perdedor. Debido a esto, podría llegar a creer que su valor como persona depende de su éxito.

Gracias por darle tu gracia y aceptación completas. Tú muestras compasión por sus debilidades y tienes recompensas eternas en tu mano. Ofreces paz y contentamiento; no tiene que esforzarse para obtener tu amor y favor. Lo llamas tu amigo y tu amado hijo sin importar cómo sea calificado por el mundo. En ti puede encontrar paz tal y como es.

Libera a mi hijo de la presión de agradar a otras personas. Que te ame con todo su corazón y que busque *agradarte* con su vida. Que trabaje duro y que use sus dones para tu gloria; no para impresionar a otros o levantar su autoimagen. Muéstrale su valía a tus ojos, para que no dependa de la alabanza de los demás para sentirse importante.

Dale a mi hijo una perspectiva correcta de su éxito y fracasos. Si obtiene una calificación o una recompensa excelente que te alabe por equiparlo para lograrlo. Cuando experimente fracaso o decepción, que confíe en que lo fortalecerás y lo levantarás. Ayúdalo a ver que cada talento y habilidad que tiene proviene de ti para lograr tu propósito en su vida.

Dame la sabiduría de cómo hablarle a mi hijo. Muéstrame cómo alentar sus esfuerzos sin presionarlo a cumplir con expectativas poco razonables. Ayúdame a afirmar su corazón y su carácter, no solo las calificaciones de sus exámenes y sus trofeos. Dame ojos para ver sus fortalezas y cómo está hecho a tu imagen.

Gracias por la libertad que encontramos en ti. Podemos descansar en tu misericordia y gracia. Danos la esperanza de la eternidad contigo. Tú prometes terminar tu obra de hacernos perfectos como Cristo. Te alabo por tu paz. Amén.

60

CUANDO ESTÉ POR ESCOGER A QUIÉN ADORAR

Los que siguen a ídolos vanos abandonan el amor de Dios.

Jonás 2:8, NVI

Levantaos, bendecid a Jehová vuestro Dios desde la eternidad hasta la eternidad; y bendígase el nombre tuyo, glorioso y alto sobre toda bendición y alabanza. Tú solo eres Jehová; tú hiciste los cielos, y los cielos de los cielos, con todo su ejército, la tierra y todo lo que está en ella, los mares y todo lo que hay en ellos; y tú vivificas todas estas cosas, y los ejércitos de los cielos te adoran.

Nehemías 9:5-6

Oh Señor, ninguno hay como tú entre los dioses, ni obras que igualen tus obras. Todas las naciones que hiciste vendrán y adorarán delante de ti, Señor, y glorificarán tu nombre. Porque tú eres grande, y hacedor de maravillas; sólo tú eres Dios. Enséñame, oh Jehová, tu camino; caminaré yo en tu verdad; afirma mi corazón para que tema tu nombre.

Salmos 86:8-11

SEÑOR:

En tu Palabra nos instruyes adorarte a ti y solo a ti. Nuestra esperanza para hoy y la eternidad yace en creer que Tú eres el único Dios verdadero. Eres perfecto y santo, poderoso y lleno de sabiduría, y digno de toda nuestra alabanza para siempre. Cuando te descubrimos como nuestro Señor y Rey, encontramos perdón, esperanza y tu presencia durante todo el tiempo.

Pero es muy fácil olvidar al Dios que no podemos ver y poner nuestra esperanza en cosas de la Tierra. La tentación de encontrar nuestra seguridad y felicidad en el dinero, la familia, el éxito profesional o las posesiones materiales es fuerte. Podemos convertir nuestras amistades, salud física y sueños en ídolos que perseguimos a toda costa. Ponemos nuestra esperanza en tus dones en lugar de en Aquel que nos da todo lo que necesitamos.

Te pido que mi hijo te dé su corazón. Dale un profundo anhelo de conocerte y agradarte con su vida. Que te reconozca como su Creador. Ayúdalo a confiar en que estás en control sin importar lo oscuro y quebrantado que pueda estar este mundo. Abre su mente a lo grande y magnífico que eres; ¡qué esté impresionado contigo!

Mi hijo se sentirá tentado a entregar la lealtad de su corazón a amigos y seres queridos. Encontrará trabajo o estudios por los que se apasionará y querrá poner toda su energía en ir en pos de sus metas. Quizá experimente popularidad o alabanza de otros lo cual podría tener mayor atractivo que agradarte. Su primer coche, apartamento o novia podría volverse su orgullo y alegría, de modo que reemplace su satisfacción en ti. Guarda su corazón para que nada te reemplace como Señor de su vida.

Haznos fieles en nuestra adoración. Danos corazones agradecidos por toda tu bondad por nosotros. Cautívanos con tu hermosa creación. Atráenos a tu Iglesia, que te alabemos cada semana con los que te aman. Guarda tu Palabra en nuestra mente para mantenernos enfocados en tu gloria. Que te amemos sobre todas las cosas hasta que te veamos cara a cara. Amén.

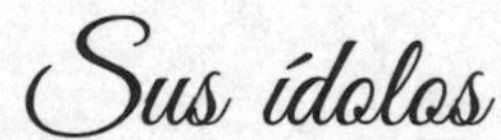

Sus ídolos

Cantad a Jehová cántico nuevo; cantad a Jehová, toda la tierra. Cantad a Jehová, bendecid su nombre; anunciad de día en día su salvación. Proclamad entre las naciones su gloria, en todos los pueblos sus maravillas. Porque grande es Jehová, y digno de suprema alabanza; temible sobre todos los dioses. Porque todos los dioses de los pueblos son ídolos; pero Jehová hizo los cielos. Alabanza y magnificencia delante de él; poder y gloria en su santuario.

Salmos 96:1-6

Cada uno de nosotros es, incluso desde el vientre de su madre, un maestro artesano de ídolos.

Juan Calvino[6]

No tiene que ir a tierras paganas hoy para encontrar dioses falsos. Estados Unidos está lleno de ellos. Lo que sea que ame más que a Dios es su ídolo.

D. L. Moody[7]

Cuando escuchamos el término ídolo con frecuencia nos imaginamos una imagen hecha de madera o metales preciosos en un pedestal en un templo elevado. Pero los ídolos siempre han tenido más que ver con el corazón que con rituales religiosos externos. Cada uno de nosotros escogerá algo o a alguien a lo cual adherir nuestro amor, atención y devoción. Por eso la Palabra de Dios nos dice: "Haced morir, pues, lo terrenal en vosotros: fornicación, impureza, pasiones desordenadas, malos deseos y avaricia, que es idolatría" (Colosenses 3:5). Dios sabe que cuando tenemos envidia, codiciamos o perdemos nuestro dominio propio, estamos entregando nuestro corazón para adorar algo en este mundo.

Nuestra oración por nuestros hijos es que encuentren su satisfacción solo en Dios para que no hagan ídolos en su lugar. La mayoría de nosotros hemos sido criados para perseguir el sueño americano de un cónyuge, dos niños, una linda casa y un perro. Invertimos años persiguiendo una educación y una trayectoria profesional exitosa para que podamos "tenerlo todo". Los publicistas saben que el sexo vende, ya que podemos creer la mentira sutil de que el atractivo sexual y su plenitud guardan la llave a la felicidad. Pasamos nuestra vida en busca de un sentido de satisfacción, pero esa paz parece siempre fuera de nuestro alcance. Hasta que no descubramos que solamente encontraremos verdadero reposo en el Señor, seguiremos luchando con la decepción y la desilusión.

Es difícil decir qué cosas llegarán a ser los ídolos del corazón de nuestros hijos. Es probable que se vinculen a lo que les dé un sentido de valía propia y éxito. Si llenan sus estantes de trofeos y banderines del equipo escolar, quizá se "inclinen" delante de los deportes al invertir cada momento libre en entrenar, competir y ver los canales y programas deportivos. Si son alabados y recompensados constantemente por el éxito académico, podrían poner su confianza en los diplomas y títulos. Si experimentan gratificación sexual a través de la pornografía o la atención de las mujeres, podrían ir en pos del sexo por sobre todo lo demás. Si la imagen y el estatus social los han hecho los reyes del monte, podrían volverse adictos al trabajo para alcanzar riquezas y cosas materiales. Sus ídolos serán moldeados alrededor de su propia imagen para satisfacer sus propios deseos y ganar la aprobación de los demás.

Por supuesto, estaremos agradecidos si nuestros hijos logran el éxito académico, una vida cómoda y una hermosa familia. La tentación yace en amar esos regalos más que lo que amamos al dador: Dios. Los talentos, las fortalezas, posesiones y relaciones de nuestros hijos son parte del plan perfecto del Señor para ellos. Es emocionante pensar en cómo pueden usar sus recursos para hacer del mundo un mejor lugar. Podemos orar que aprendan humildad y gratitud para reconocer que toda cosa buena que tienen proviene de Dios. Podemos orar que tengan todo en manos abiertas y busquen descubrir la manera en que el Señor quiere que usen lo que se les ha dado. Y podemos orar que lo amen con todo su corazón, con toda su alma y con todas sus fuerzas para que nada tome su lugar.

Como padres, podemos tener una parte en ayudar a nuestros hijos a construir ídolos en su vida. En nuestros intentos de alentarlos a hacer su mejor esfuerzo, podemos poner un énfasis mayor en su desempeño que en su carácter. Podemos empujarlos a "ser independientes" en lugar de que aprendan a depender de su Padre celestial que los ama. Podemos expresar enojo y juicio cuando fallan, enseñándoles un mensaje de que deben ganarse nuestro amor (y el de Dios también) por medio de su propia perfección. Podemos enfocarnos en las metas de los trofeos y la riqueza en lugar de en las habilidades únicas de nuestros hijos para servir y dar a los demás. Necesitamos orar de manera constante por un "radar" sensible para identificar los verdaderos problemas del corazón de nuestros hijos y sus necesidades para que no los desviemos de manera inadvertida de la verdad y las prioridades de Dios.

Dios nos da una imagen excelente de la fuerza de atracción del corazón a la idolatría en la historia de los israelitas en el Éxodo. Una de las primeras tentaciones para hacer ídolos vino cuando Dios no se presentó justo cuando ellos querían. Moisés había subido a la cima de la montaña para recibir la Ley del Señor. Mientras los israelitas esperaban en el valle su regreso, se impacientaron y comenzaron a dudar de que fuera a volver. Supusieron que Dios se había olvidado de ellos, así que presionaron a Aarón, el sacerdote, para que fundiera las joyas del pueblo para hacer un becerro de oro que pudieran adorar. No entraré en todos los detalles, pero solo digamos que esto no resultó bien cuando Moisés finalmente bajó del monte. Si nuestro hijo está esperando en Dios para suplir una necesidad o responder una oración, y no recibe una respuesta rápida del Señor en quien está esperando, su corazón podría apartarse de Dios en lugar de confiar y esperar con paciencia.

Otra piedra de tropiezo para los israelitas fue la compañía que tenían. Dios fue claro con que quería que su pueblo viviera de manera distinta y se apartara de las naciones vecinas. Cada vez que los israelitas se casaban con extranjeros o creaban alianzas con sus vecinos paganos sus corazones se apartaban de la devoción al único Dios verdadero. Yo puedo definitivamente ver este patrón en la vida de mis hijos también. Cuando se sumergen en demasiada televisión, invierten más tiempo en su vida social que en su familia o en la iglesia, y llenan hora tras hora con compras en línea y videojuegos, sus corazones pierden el deseo único de vivir para el Señor.

Finalmente, una barrera significativa para que nuestros hijos amen a Dios con todo su corazón es resistir su autoridad. Algunas veces Dios nos pide que esperemos lo que queremos, sea un aumento en el trabajo o reservar el sexo para la relación matrimonial. Cuando nuestro Dios establece límites para nuestro comportamiento o nos pide que esperemos una bendición, no trata de robar nuestro gozo o felicidad. Podemos confiar en que todo lo que dice y hace es por su perfecto amor. Como padres, nunca accederíamos a lo que nuestros hijos quisieran, cuando quisieran. ¡Nuestra casa caería en caos y estaríamos en bancarrota y exhaustos!

Si le diera a mi hijo de tres años todo lo que quisiera, arruinaría sus dientas con dulce y estaría jugando en la calle con objetos cortantes. No siempre acepta un "no" como respuesta y hará un berrinche para tratar de salirse con la suya. Ese patrón no siempre se va con el crecimiento. Es difícil aceptar la palabra "no" sin importar si tenemos tres o setenta y tres. Queremos buscar nuestros propios deseos y placeres y rechazar cualquier autoridad que se ponga en nuestro camino. Así como nuestros hijos pueden resistir nuestro consejo, influencia y límites, podemos rechazar a nuestro Señor y Rey con una actitud egoísta y rebelde.

Oremos porque nuestros hijos mantengan sus deseos, esperanzas, sueños y bendiciones en la perspectiva correcta. Podemos pedir que busquen a Dios de todo corazón y sigan su dirección. Oremos porque se aferren a la fe de que Dios es amoroso y bueno, incluso cuando les pide esperar lo que sea que anhelan. Oremos que llenen su mente con la verdad de la Palabra en lugar de con las filosofías y el entretenimiento popular de la cultura. Pidámosle a Dios que les dé corazones humildes y sumisos para obedecerlo de toda manera. Cuando el Señor sea el primer amor de su corazón descubrirán una mayor paz y satisfacción de la que puedan imaginar.

61

CUANDO NECESITE ESTAR CERCA DE DIOS

Yo soy la vid verdadera, y mi Padre es el labrador. Todo pámpano que en mí no lleva fruto, lo quitará; y todo aquel que lleva fruto, lo limpiará, para que lleve más fruto. Ya vosotros estáis limpios por la palabra que os he hablado. Permaneced en mí, y yo en vosotros. Como el pámpano no puede llevar fruto por sí mismo, si no permanece en la vid, así tampoco vosotros, si no permanecéis en mí. Yo soy la vid, vosotros los pámpanos; el que permanece en mí, y yo en él, éste lleva mucho fruto; porque separados de mí nada podéis hacer.

Juan 15:1-5

Mantengamos firme la esperanza que profesamos, porque fiel es el que hizo la promesa.

Hebreos 10:23, NVI

SEÑOR:

Mi hijo cree que eres Dios. Entiende que la muerte de Cristo en la cruz ha pagado por sus pecados y ha abierto un camino para que esté contigo en el cielo para siempre. Acepta la Biblia como tu Palabra. Va a la iglesia, canta con la música cristiana y quiere vivir en obediencia a ti. Te pido que lo habilites para sostenerse de la fe que afirma hoy durante todos los días de su vida.

Mi hijo es joven y sus creencias y su confianza en ti tienen que ser probadas. Disfruta vivir por las reglas y que le digan que es "un buen niño". Sin embargo, todavía le falta luchar con el dolor y el pesar por una pérdida que la oración no haya removido. No ha tenido que resistir una fuerte tentación al pecado y a encajar en el mundo. Se siente seguro en su conocimiento de ti y no está al tanto de su propia vulnerabilidad espiritual.

Muéstrale a mi hijo lo desesperadamente que necesita permanecer en ti. Escribe tu Palabra en su corazón y mente para defenderlo en contra de las mentiras del enemigo. Enséñale a orar continuamente de modo que corra a ti con cada pregunta y preocupación. Dale amor por tu Iglesia para que tu pueblo pueda levantarlo en tiempos difíciles.

Guarda a mi hijo de conformarse con una relación fácil y poco profunda contigo. Que luche con la fe y la confianza hasta que se apropie de su fe. Ayúdalo a apoyarse en ti cuando esté en apuros.

Que encuentre valentía en ti cuando tenga miedo. Cuando el mundo diga que la Biblia es un mito y Jesús es meramente un hombre, equípalo para defender lo que cree. Dale un corazón que anhele agradarte en todos los aspectos en lugar de conformarse al mundo a su alrededor.

Úsame para alentar a mi hijo a seguirte. Dame sabiduría para explicarle la Biblia de una manera que pueda comprender. Hazme fiel en oración para que podamos experimentar juntos tus respuestas. Ayúdame a obedecerte en cómo hablo, sirvo y amo a los demás para que él pueda ver que vives en mí. Que no nos volvamos religiosos —haciendo las cosas mecánicamente—, sino que nuestra fe sea poderosa y esté viva.

Mantennos cerca de ti todos los días. Produce fruto en nosotros a medida que nos asimos de tu verdad. Guárdanos de vacilar, y haznos más seguros de ti que de nada más. Amén.

62

CUANDO ESTÉ EN PROCESO DE MADURAR

> Cuando yo era niño, hablaba como niño, pensaba como niño, juzgaba como niño; mas cuando ya fui hombre, dejé lo que era de niño.
>
> 1 Corintios 13:11

> Para que ya no seamos niños fluctuantes, llevados por doquiera de todo viento de doctrina, por estratagema de hombres que para engañar emplean con astucia las artimañas del error, sino que siguiendo la verdad en amor, crezcamos en todo en aquel que es la cabeza, esto es, Cristo.
>
> Efesios 4:14-15

Mas tenga la paciencia su obra completa, para que seáis perfectos y cabales, sin que os falte cosa alguna. Y si alguno de vosotros tiene falta de sabiduría, pídala a Dios, el cual da a todos abundantemente y sin reproche, y le será dada.

Santiago 1:4-5

PADRE:

Mi hijo siente que está siendo tirado por un lado por los emocionantes desafíos de crecer y por la fácil vida de la niñez que deja detrás por el otro. En un momento juega en la calle o se roba galletas de la caja y, al siguiente, batalla con un trabajo escolar o con incrementar su cuenta de ahorros. Puede cansarse de las responsabilidades y exigencias sobre su tiempo a medida que crece, por lo cual, lo veo dando marcha atrás en lugar de proseguir a la madurez.

Dale sabiduría a mi hijo para que vea los beneficios de crecer. Abre sus ojos para ver las oportunidades y libertades por delante. Ayúdalo a ver que vienen recompensas por el esfuerzo que ponga en el estudio, la práctica, el entrenamiento y el trabajo hoy. Que experimente el gozo y el respeto que vienen de un trabajo bien hecho. Hazlo un ayudante sobre el que los demás se puedan apoyar para que pueda ver su valor y todo lo que tiene para ofrecer.

Ayuda a mi hijo a crecer en su fe. Habilítalo para acudir a ti sin esperar que otros lo guíen. Enciende en él un interés por leer tu Palabra por sí mismo. Ínstalo a orar y que aprenda a escuchar tu voz. Que madure por medio de apropiarse de su fe, en lugar de solo seguir una tradición familiar.

Desarrolla el dominio propio de mi hijo para que pueda levantarse por encima de sus emociones. Que trabaje y obedezca sin importar sus sentimientos. Ayúdalo a controlar su carácter. Dale la fuerza de hacer lo correcto incluso cuando esté combatiendo la tentación. Libéralo de sentirse con derecho a las cosas y llénalo de gratitud por todo lo que se le ha dado. Guárdalo de dejarse llevar por sus amigos para que pueda tomar decisiones responsables.

Dale sabiduría a mi hijo más allá de sus años. Que tenga discernimiento por tu Espíritu para reconocer cualquier filosofía o mensaje que contradiga tu Palabra. Que escoja a sus amigos con sabiduría, que busque a los que saquen lo mejor de él y apoyen su fe en ti. Dale humildad para recibir corrección con un corazón dispuesto. Hazlo enseñable y receptivo a mí y a los que están en autoridad sobre él.

Me encanta la imaginación y la creatividad que has puesto en mi hijo. Ayúdalo a que no pierda su curiosidad, su energía y su risa a medida que crece. Él encuentra alegría en las cosas pequeñas y tiene sueños asombrosos para el futuro. Guarda su corazón de perder la confianza de que todo es posible contigo. Que nunca deje de maravillarse por tu creación. Mantenlo con un corazón abierto hacia los que lo amamos más.

Gracias por el regalo de compartir la vida de mi hijo, año con año. Eres fiel en hacerlo crecer en la persona asombrosa que quieres que sea. Ayúdame a confiar en ti por medio de colocarlo en tus manos y aceptar tu tiempo para cómo y cuándo alcance la madurez. Amén.

63

CUANDO NECESITEMOS TIEMPO JUNTOS

> Mirad, pues, con diligencia cómo andéis, no como necios sino como sabios, aprovechando bien el tiempo, porque los días son malos. Por tanto, no seáis insensatos, sino entendidos de cuál sea la voluntad del Señor.
>
> Efesios 5:15-17

> Todo tiene su tiempo, y todo lo que se quiere debajo del cielo tiene su hora. Tiempo de nacer, y tiempo de morir; tiempo de plantar, y tiempo de arrancar lo plantado; tiempo de matar, y tiempo de curar; tiempo de destruir, y tiempo de edificar;

tiempo de llorar, y tiempo de reír; tiempo de endechar, y tiempo de bailar; tiempo de esparcir piedras, y tiempo de juntar piedras; tiempo de abrazar, y tiempo de abstenerse de abrazar; tiempo de buscar, y tiempo de perder; tiempo de guardar, y tiempo de desechar; tiempo de romper, y tiempo de coser; tiempo de callar, y tiempo de hablar; tiempo de amar, y tiempo de aborrecer; tiempo de guerra, y tiempo de paz.

Eclesiastés 3:1-7

PADRE DIOS:

Esta temporada de paternidad es atareada y se siente abrumadora. Siento que tiran de mí en incontables direcciones, me siento apresurado y siempre retrasado. Es difícil vivir en el momento porque estoy concentrado en mi interminable lista de pendientes de cosas que necesitan mi atención. Tristemente, puedo olvidar apreciar a mi hijo. Conectar con él queda hecho a un lado por nuestro atareado horario. Lo mantengo limpio, alimentado y haciendo lo que debe, pero no siempre me detengo a mirar en sus ojos y en su corazón.

Ayúdame a recordar que estos días con él como niño son efímeros. Guíame a medida que establezco mis prioridades para hacer tiempo para estar quieto y escucharlo a él y a ti. Que no juzgue el valor de mí día meramente por el trabajo que he terminado, sino por cómo he amado y me he conectado con los que has puesto en mi vida. Dame pasión por invertir en relaciones que duren por la eternidad.

Muéstrame cómo "aprovechar bien el tiempo" por medio de orientar a mi hijo hacia ti en los momentos ordinarios de nuestra vida juntos. Que lo guíe en oración, disfrute tu creación con él y sirvamos juntos a los demás en tu nombre. Recuérdame que estás más preocupado con su carácter que con sus logros. Que se conforme a Cristo en lugar de a la multitud y que yo lo aprecie en lugar de malcriarlo. Ayúdame a guardar su corazón y mente de cualquier cosa que lo haga quitar sus ojos de ti. Este es nuestro tiempo para crecer, para acercarnos más el uno al otro y a ti, y para descubrir tus hermosos planes para mi hijo. Que te mantengamos en el centro de todo lo que hacemos juntos. Dale alegría y seguridad en mí a medida que lo amo con fidelidad, como Tú me amas. Que yo conozca el corazón y la mente de mi hijo y alabe tu nombre por la persona que creaste. Gracias por compartir este hijo conmigo; que nunca dé por sentado tu regalo. Amén.

Una historia de oración

"No todo se ve bien en el ultrasonido", son palabras atemorizantes para cualquier padre, pero cuando estaba embarazada de nuestro primer hijo, un niño llamado George, vivíamos en Inglaterra. A miles de millas de casa, sentíamos las ansiedades normales de los padres primerizos, además de tratar con un sistema de salud poco familiar. Con solo esas pocas palabras del médico, ahora enfrentábamos el estrés adicional de cuidar de un niño enfermo con un futuro poco claro. Fue durante ese tiempo incierto que leí un libro acerca de los Salmos. El autor señaló que en el Salmo 139 cuando David escribe: "Porque tú formaste mis entrañas; tú me hiciste en el vientre de mi madre" (v. 13), la palabra para "entrañas" en hebreo es literalmente *riñones*. Hasta el día de hoy, no recuerdo siquiera el nombre del libro ni el punto principal de la sección que leí. Incluso no leí más porque quedé completamente abrumada por este comentario casi sin importancia acerca del significado literal de una palabra en el Salmo 139, ya que los riñones de George eran los órganos que tenían preocupados a los médicos cuando vieron el ultrasonido.

Mientras leía y releía el Salmo 139, caí en cuenta de que era una expresión perfecta de nuestra situación. En los versículos 7-10, David escribe: "¿A dónde me iré de tu Espíritu? ¿Y a dónde huiré de tu presencia? [...] Si tomare las alas del alba y habitare en el extremo del mar, aun allí me guiará tu mano, y me asirá tu diestra". Caí en cuenta de que Dios me estaba asegurando que en el extremo del océano Atlántico, incluso en Inglaterra, Él estaría presente con nosotros. Fui consolada de que, en un lugar poco familiar, Dios nos guiaría y fortalecería.

David continúa en su salmo alabando a Dios porque Él era una obra formidable y maravillosa: "Estoy maravillado, y mi alma lo sabe muy bien" (v. 14). Recordé que Dios era el que había formado los riñones de George y que podíamos confiar en su creación. En el versículo 16, David escribe: "En tu libro estaban escritas todas aquellas cosas que fueron luego formadas, sin faltar una de ellas". En esas palabras recibí la paz de que Dios había diseñado cada momento en la vida de George incluso antes de su nacimiento.

Después de que George fuera sometido a dos cirugías en los primeros meses de su vida, así como a innumerables visitas al médico y al hospital, pude encontrar consuelo en las palabras del Salmo 139. Fue esta experiencia lo que comenzó mi jornada de orar la Escritura para George.

Más de diez años después, continúo reclamando regularmente las promesas del Salmo 139 para George. Ahora, oro porque George pueda conocer la realidad de la presencia de Dios en su vida (v. 8). Pido que George conozca que es una obra formidable (v. 14). Oro porque George sea capaz de afirmar que los pensamientos de Dios son preciosos (v. 17) para que los obedezca. Intercedo por George y le pido al Señor que aparte el mal de él (v. 19). Y oro que George siga a Dios en el camino eterno (v. 24).

Además del Salmo 139, con regularidad le pido al Señor versículos de las Escrituras para George y para mis otros hijos con el fin de orar por ellos. Sea una situación en particular o un aspecto de su vida en la que me gustaría ver el poder de Dios obrar en ellos, he encontrado gran poder en orar las palabras vivas, activas y transformadoras de Dios de manera directa sobre la vida de mis hijos.

Casada con Jim, **Lisa Samra** es ama de casa y mamá de cuatro niños. Lisa también tiene el privilegio de servir al Señor en una variedad de capacidades en Calvary Church de Grand Rapids, Michigan. Para conocer más acerca de Lisa, vea su blog en olivesandcoffee.calvarygr.org.

64

CUANDO NECESITE ENCONTRAR REPOSO

Estad quietos, y conoced que yo soy Dios; seré exaltado entre las naciones; enaltecido seré en la tierra.

Salmos 46:10

Venid a mí todos los que estáis trabajados y cargados, y yo os haré descansar. Llevad mi yugo sobre vosotros, y aprended de mí, que soy manso y humilde de corazón; y hallaréis descanso para vuestras almas; porque mi yugo es fácil, y ligera mi carga.

Mateo 11:28-30

Jehová es mi pastor; nada me faltará. En lugares de delicados pastos me hará descansar; junto a aguas de reposo me pastoreará. Confortará mi alma.

Salmos 23:1-3

PADRE:

Mi hijo está cansado. Ha estado trabajando duro para aprender, crecer y vivir conforme a lo que se espera de él. Siente que cada momento del día guarda exigencias y responsabilidades. No está seguro de que sus esfuerzos sean suficientes; está cansado y necesita ayuda para seguir adelante.

Las presiones académicas pueden hacerlo sentir inseguro. Trata de estudiar duro y mantenerse organizado, pero se le siguen perdiendo sus tareas o regresa con calificaciones decepcionantes. Le preocupa perder el respeto de sus maestros. Ve el éxito de los demás estudiantes y se pregunta si los alcanzará. Ayúdalo a continuar con su trabajo sin rendirse. Dale sabiduría para saber cómo administrar su tiempo y trabajo escolar. Aclara cualquier confusión que esté evitando que comprenda sus lecciones. Dale paz, que sepa que no es amado por ti o por mí gracias a su reporte de calificaciones.

Fuera de la escuela podemos llenar nuestra agenda con prácticas deportivas, lecciones de música, actividades escolares y compromisos sociales. Dame sabiduría como su padre para saber cuando desacelerar nuestro ritmo. Muéstranos tu voluntad para nuestro horario y haznos conscientes antes de que aceptemos cualquier oportunidad. Guárdanos de perder lo mejor para nosotros por llenar nuestros días con cosas menos importantes. Ayúdanos a tomar momentos para desconectarnos y estar quietos, para que podamos disfrutar tiempo juntos y contigo.

Muéstrame cómo ministrar a mi hijo cuando esté cansado. Dame un espíritu gentil y útil para cuidar de él y levantarlo cuando se sienta desanimado. Ayúdame a desacelerar y escuchar si necesita ventilar su día. Guárdame de presionarlo para que tenga un buen desempeño. Que experimente tu gracia a través de mí mientras lo acepto tal como es.

Las presiones de este mundo pueden ser pesadas de llevar. Gracias que podemos reposar en ti. Tú cuidas de cada necesidad y nos levantas cuando fallamos. Acércate a mi hijo en este momento para que pueda sentir tu amor. Dale fuerza para enfrentar el mañana. Amén.

65

CUANDO SEA ATACADO POR EL ENEMIGO

¡Estén alerta! Cuídense de su gran enemigo, el diablo, porque anda al acecho como un león rugiente, buscando a quién devorar. Manténganse firmes contra él y sean fuertes en su fe. Recuerden que su familia de creyentes en todo el mundo también está pasando por el mismo sufrimiento.

1 Pedro 5:8-9, NTV

Someteos, pues, a Dios; resistid al diablo, y huirá de vosotros.

Santiago 4:7

Por lo demás, hermanos míos, fortaleceos en el Señor, y en el poder de su fuerza. Vestíos de toda la armadura de Dios, para que podáis estar firmes contra las asechanzas del diablo. Porque no tenemos lucha contra sangre y carne, sino contra principados, contra potestades, contra los gobernadores de las tinieblas de este siglo, contra huestes espirituales de maldad en las regiones celestes. Por tanto, tomad toda la armadura de Dios, para que podáis resistir en el día malo, y habiendo acabado todo, estar firmes.

Efesios 6:10-13

PADRE:

Mi hijo tiene un corazón hermoso y es un precioso regalo tuyo. Ha sido mi tesoro desde el día que nació. Es difícil comprender un enemigo maligno que está determinado a destruir a mi hijo. No obstante, veo las tinieblas de este mundo y sé que experimentará ataques en todos los frentes.

El diablo le mentirá a mi hijo y le dirá que no tiene valor alguno. Dale a mi hijo confianza en tu amor y en la verdad de que ha sido creado a la imagen de Dios mismo. Abre sus ojos a las habilidades y talentos que estás desarrollando en él incluso ahora. Muéstrale a mi hijo el regalo que puede ser a este mundo —puedes usarlo para aliviar el sufrimiento, enseñar tu verdad y darle esperanza a los que están desalentados— de modo que pueda saber que su vida tiene un gran propósito.

El enemigo tratará de destruirlo a través del pecado. Dale a mi hijo fuerza para vencer la lujuria, la deshonestidad, la codicia, el engaño y la ira. Hazlo fiel para obedecerte y a los que están en autoridad en su vida. Que ande en integridad en la escuela, el trabajo y la casa. Guárdalo puro y dedicado a sus seres queridos. Guarda su inocencia y dale la valentía para defender lo que es correcto.

Satanás tratará de dañar su salud y seguridad. Protege a mi hijo de violencia y peligro. Cuando otros se rindan a la furia, el crimen, el alcohol o las drogas, libra a mi hijo de sufrir por sus decisiones tontas. Sostiene su salud física y guárdalo de enfermedades o lesiones que podrían abatirlo. Guárdalo para que pueda vivir una larga vida de servirte y seguirte.

Sobre todo, evita que el enemigo destruya su confianza en ti. Ayuda a mi hijo a creer las promesas de tu Palabra para que pueda contar con tu perdón y misericordia. Sostiene su confianza en que sus oraciones son escuchadas y respondidas. Que se aferre a lo que Tú dices que es bueno o malo para que no viole su conciencia o niegue tu Espíritu Santo. Dale la seguridad de que las Escrituras son tu Palabra perfecta. Cuando sufra a través de las dificultades, nunca permitas que dude de lo bueno y amoroso que eres en verdad.

Enséñale a mi hijo a ponerse tu armadura —tu verdad, tu justicia, el evangelio de la paz, la fe, la salvación y tu Espíritu— para que el enemigo no tenga poder contra él. Dale victoria sobre cada mentira y tentación que se le presenten. Que esté a tu favor cada día de su vida, hasta que te veamos cara a cara. Amén.

66

CUANDO DESCUBRA SUS DONES ESPIRITUALES

Ahora bien, hay diversidad de dones, pero el Espíritu es el mismo. Y hay diversidad de ministerios, pero el Señor es el mismo. Y hay diversidad de operaciones, pero Dios, que hace todas las cosas en todos, es el mismo. Pero a cada uno le es dada la manifestación del Espíritu para provecho.

1 Corintios 12:4-7

Porque de la manera que en un cuerpo tenemos muchos miembros, pero no todos los miembros tienen la misma función, así nosotros, siendo muchos, somos un cuerpo en Cristo, y todos miembros los unos de los otros. De manera que, teniendo diferentes dones, según la gracia que nos es dada, si el de profecía, úsese conforme a la medida de la fe; o si de servicio, en servir; o el que enseña, en la enseñanza; el que exhorta, en la exhortación; el que reparte, con liberalidad; el que preside, con solicitud; el que hace misericordia, con alegría.

Romanos 12:4-8

PADRE:

En tu gran sabiduría creaste una familia de creyentes, compuesta de individuos con dones únicos y maravillosos. Nos bendices por medio del ánimo, perspectiva, ayuda y generosidad de unos y otros y la enseñanza de tu Palabra. Prometiste que cada uno de nosotros tendría un don especial que ofrecer; tenemos un lugar en tu reino y cada uno de nosotros importa.

Gracias por cómo estás equipando a mi hijo para servir a tu

pueblo y unirse a tu obra en este mundo. Dale a mi hijo la alegría de descubrir los dones espirituales que le has dado. Si sus dones son misericordia y dar, úsalo para aliviar el sufrimiento y la pobreza. Si tiene habilidad musical que guíe a tu pueblo en adoración y alabanza. Si tiene sabiduría y conocimiento, que comparta tu Palabra e influencie a otros para Cristo. Si es creativo y hábil con sus manos, que repare y construya a tu servicio. Si es uno que anima, que les dé esperanza a los que están en derrota y desaliento.

Usa los dones espirituales de mi hijo para asegurarle tu presencia en su vida. Ábrele puertas para que ayude y se dé a otros. Que descubra la alegría de servir en tu nombre. Guarda su corazón de confiar en sus propias habilidades, porque Tú eres la fuente de toda su fuerza. Que use sus dones para glorificarte en lugar de buscar reconocimiento para sí mismo. Dale un corazón humilde a medida que lo habilitas para ministrar a otros de maneras asombrosas.

Muéstrame cómo apoyar a mi hijo en servirte. Dame perspectiva con respecto a los dones que estás desarrollando en él. Enséñame cómo ejercer mis propios dones espirituales para que pueda establecer un ejemplo para ministrar delante de él.

Gracias por permitirnos amar a otros en tu nombre. Que ofrezcamos cada talento, pasión y don que tengamos a ti, para usarlo para tu gloria. Amén.

67

CUANDO CRITIQUE A OTROS

No juzguéis, para que no seáis juzgados. Porque con el juicio con que juzgáis, seréis juzgados, y con la medida con que medís, os será medido. ¿Y por qué miras la paja que está en el ojo de tu hermano, y no echas de ver la viga que está en tu propio ojo? ¿O cómo dirás a tu hermano: Déjame sacar la paja de tu ojo, y he aquí la viga en el ojo tuyo?

Mateo 7:1-4

Por la gracia que me es dada, a cada cual que está entre vosotros, que no tenga más alto concepto de sí que el que debe tener, sino que piense de sí con cordura, conforme a la medida de fe que Dios repartió a cada uno.

Romanos 12:3

Sean siempre humildes y amables. Sean pacientes unos con otros y tolérense las faltas por amor. Hagan todo lo posible por mantenerse unidos en el Espíritu y enlazados mediante la paz.

Efesios 4:2-3

PADRE:

Mi hijo necesita ver a los demás de la manera que nos ves. Cuando nos miras, ves a Jesús en lugar de nuestro pecado y fracaso. Cuando recibimos tu salvación, nos declaras justos. Nos estás renovando de adentro hacia afuera. Nos das una nueva identidad como tus hijos amados, tu templo, tus testigos, tus amigos y tu luz en el mundo.

Ayuda a mi hijo a enfocarse en su propio comportamiento y decisiones en lugar de juzgar a todos los demás. Es fácil para él señalar al estudiante irrespetuoso de su grupo, el compañero de equipo que es flojo en la práctica, el hermano o hermana cuya habitación es un desastre o el joven en la iglesia con una mala actitud. Que recuerde las veces en que él también ha sido descuidado, egoísta o grosero, o se ha enojado. Todos hemos pecado y hemos sido destituidos de la gloria de Dios y somos incapaces de cambiar sin la obra de tu Espíritu (Romanos 3:23).

Tú trabajas en nosotros día a día para purificar nuestro corazón de pecado y renovar nuestra mente para pensar como Cristo. Eres tan paciente; cuando cometemos los mismos errores una y otra vez, nunca te rindes ni nos dejas ir. Te pido que mi hijo pueda mostrar esa misma paciencia con todos a su alrededor.

Guarda a nuestra familia de destruirnos unos a otros por medio de actitudes de crítica. Que nos mostremos gracia unos a otros cuando fallamos. Ayúdanos a tenernos paciencia y que confiemos en que estás haciendo tu obra perfeccionadora en cada uno de nosotros día a día. Que mostremos misericordia y perdón unos a otros y a todos los que traes por nuestra puerta. Haz de nuestro hogar un lugar de aceptación y amor por todos.

Úsame como un ejemplo a mi hijo en cómo hablo de los demás. Cuando manejo, que sea generoso si otro conductor se me cierra. Hazme paciente en la tienda si el cajero es lento o tiene poca experiencia. Guárdame de amistades de dos caras en las que yo sea una persona cálida y cortés, pero que los destroce una vez que se hayan ido a casa. Dame un corazón comprensivo hacia los que están en autoridad sobre mí en lugar de quejarme de su estilo de liderazgo. Hazme paciente con los desastres, errores y molestias en casa para que mi familia sienta tu gracia por medio de mí.

Dale a mi hijo tu corazón de amor que edifica a los demás y busca la paz con todos. Gracias por aceptar a mi hijo y trabajar en su vida para hacerlo como Jesús. Eres nuestra esperanza y alegría. Amén.

68

CUANDO SIENTA LA PRESIÓN DE ENCAJAR

No os conforméis a este siglo, sino transformaos por medio de la renovación de vuestro entendimiento, para que comprobéis cuál sea la buena voluntad de Dios, agradable y perfecta.

Romanos 12:2

Sed, pues, imitadores de Dios como hijos amados. Y andad en amor, como también Cristo nos amó, y se entregó a sí mismo por nosotros, ofrenda y sacrificio a Dios en olor fragante.

Efesios 5:1-2

Jehová no mira lo que mira el hombre; pues el hombre mira lo que está delante de sus ojos, pero Jehová mira el corazón.

1 Samuel 16:7

SEÑOR:

Mi hijo siente la presión de hablar, lucir y comportarse como los muchachos a su alrededor. Se siente tentado a caer en el mismo lenguaje descortés y actitudes irrespetuosas que expresan. Es invitado a ver películas o jugar videojuegos que no compaginan con los valores de nuestra familia. Está preocupado con tener el corte de cabello correcto y adquirir la ropa y los zapatos de la marca adecuada. Está preocupado con tener los dispositivos más recientes que todos al parecer compran. Es alentado a idolatrar celebridades y figuras deportivas, sin importar su estilo de vida o carácter. Se siente presionado con integrarse al grupo, criticar o dejar fuera a cualquier chico que sea distinto o que no sea tan popular. Necesita tu ayuda para mantenerse fiel a ti y a quién *Tú* dices que él es en Cristo.

Enseña a mi hijo a imitarte en lugar de a las personas a su alrededor. Dale tus ojos que se enfocan en el carácter interno, las actitudes y la fe de los demás en lugar de en su apariencia y posesiones. Que procure amistades basadas en honestidad, respeto e integridad en lugar de usar a la gente para mejorar su estatus social.

Renueva la mente de mi hijo para saber qué es bueno y qué es malo. Dale valentía para obedecerte incluso si nadie más lo hace. Que ande en amor por medio de acercarse a los chicos que están solos. Que renuncie a sus esfuerzos por encajar y a someterse a las expectativas de los demás para que pueda poner toda su energía en vivir para ti.

Te pido que recompenses a mi hijo con relaciones significativas y el respeto de los demás a medida que se mantiene firme en ti. Úsalo como un ejemplo de conducta excelente entre sus compañeros. Guárdalo del desánimo en los días en que se sienta mal entendido o criticado por destacarse. Muéstrame cómo animarlo y levantarlo. Ayúdame a recordarle con fidelidad que es tuyo, porque es amado "con amor eterno" (Jeremías 31:3).

Mantén a mi hijo seguro y cerca de ti. Gracias por tus maravillosas promesas para reclamarlo como tuyo y llamarlo tu hijo. Te alabo por valorar el corazón de mi hijo y amarlo para siempre. Amén.

Su relación con Dios

Oye, Israel: Jehová nuestro Dios, Jehová uno es. Y amarás a Jehová tu Dios de todo tu corazón, y de toda tu alma, y con todas tus fuerzas. Y estas palabras que yo te mando hoy, estarán sobre tu corazón; y las repetirás a tus hijos, y hablarás de ellas estando en tu casa, y andando por el camino, y al acostarte, y cuando te levantes. Y las atarás como una señal en tu mano, y estarán como frontales entre tus ojos; y las escribirás en los postes de tu casa, y en tus puertas.

Deuteronomio 6:4-9

Un niño no aceptará un plan de vida al que sus padres solo le den un asentimiento mental. Si un niño va a aceptar su fe como propia, debe ver que la viven. Que esté viva, respira y funciona. ¡En USTEDES!

Dr. Tim Kimmel[8]

Como padres tenemos una lista interminable de responsabilidades. Comprar. Transportar. Limpiar. Trabajar. Enseñar. Presupuestar. Planificar.

Pero mientras servimos a nuestras familias en una amplia variedad de maneras, nuestro propósito absoluto más alto es presentarles a Dios a nuestros hijos. A través de nuestras palabras y ejemplo, nuestros muchachos necesitan escuchar la verdad de quién es Dios y cuánto los ama.

Nuestro mayor deseo para nuestros hijos debería ser que coloquen su confianza en Dios, que entiendan el mensaje del evangelio ya que revela la obra de Cristo y cómo pueden ser salvos y que amen al Señor con toda su alma y mente y fuerzas (Marcos 12:30). Cualquier otra esperanza que tengamos para nuestros muchachos no tiene valor en comparación con conocer a su Salvador. No obstante, es difícil porque hay muchas ideas y opiniones acerca de cómo los padres deberían instruir a sus hijos en la fe. Puede ser abrumador saber qué hacer. Además, tenemos horarios frenéticos que hacen que sea difícil introducir devociones familiares, leer la Biblia y orar. Creo que la mayoría de los padres cristianos van por ahí cargando la culpa de que no hacen lo suficiente para transmitirle su fe a sus hijos.

Por eso me encanta el pasaje de Deuteronomio que describe cómo podemos hablar de la verdad de Dios "estando en tu casa, y andando por el camino, y al acostarte, y cuando te levantes" (v. 7). Nos da un modelo maravilloso de cómo los padres pueden alentar a sus hijos en su propio andar de fe. Podemos usar pequeños momentos todos los días para mostrarles que nuestra relación con Dios no es solo un tiempo a solas de treinta minutos en la mañana o dar gracias por los alimentos antes de la cena. Es experimentar la presencia y el poder de Dios en los momentos cotidianos de la vida con nuestros hijos.

Si amamos al Señor con todo nuestro corazón, alma y fuerzas, se ve en nuestra obediencia a lo largo del día. Demostramos la fidelidad de Dios cuando nuestros hijos pueden contar con que los llevaremos a la escuela a tiempo con ropa limpia y un almuerzo completo. Podemos hablar de humildad y de servir a los demás cuando venimos a casa después de un decepcionante partido de fútbol. Podemos compartir cómo Dios es nuestra fuerza de la que podemos depender cuando están en apuros para mantener buenas calificaciones. Cuando oramos con ellos a la hora de dormir podemos alentar la gratitud por medio de alabar al Señor por todo lo que ha hecho en nosotros en las últimas veinticuatro horas.

Hemos descubierto que el tiempo de las comidas ofrece una de las mejores oportunidades para conectarnos como familia y hablar acerca de nuestra fe. Tenemos "altibajos", donde cada uno de nosotros tomamos turnos para compartir cómo Dios dio una bendición inesperada y dónde estamos batallando y necesitamos su ayuda. La mesa es un lugar para practicar la honra los unos de los otros por medio de apagar nuestros teléfonos y escuchar lo que el otro tiene que decir.

La hora de la cena también es el momento en que hemos encontrado más consistencia para leer la Biblia como familia. Mantenemos una cesta cerca con una Biblia para cada uno de nosotros. Tomamos turnos para leer los versículos del pasaje del día, y todos leemos mientras avanzamos. Nuestros hijos tienen la oportunidad de compartir qué versículo realmente les haya llamado la atención y por qué. Es una manera especial de aprender unos de otros y compartir lo que hay en nuestro corazón.

Podemos presionarnos mucho al sentir que es nuestra responsabilidad salvar a nuestros hijos. Mientras que Dios nos alienta a vivir nuestra fe delante de nuestros hijos y a enseñarles su Palabra, su salvación finalmente proviene de Él. Podemos reposar en saber que él es plenamente capaz de alcanzar el corazón de nuestros hijos y darles nueva vida. Como Jesús dijo: "Para los hombres es imposible, mas para Dios, no; porque todas las cosas son posibles para Dios" (Marcos 10:27). Nos alienta a saber que nuestros hijos están en sus manos; que podemos confiar en Dios para revelarse de una manera real y ayudarlos a permanecer fieles en seguirlo.

También oramos por ayuda para vivir una vida piadosa delante de nuestros hijos. Ellos pueden detectar nuestra doble moral o si solo vivimos para agradarnos a nosotros mismos. Se desilusionarán del cristianismo si lo reducimos a una lista de haz esto y no hagas lo otro. Oramos que vivamos en obediencia en cada área y que rindamos nuestra vida al control de Dios. El libro *Sticky Faith* [Fe pegajosa] lo dice bien: "Sea ejemplo de sus hijos en que, más que una cosmovisión o un estilo de vida, el cristianismo es primero y sobre todo una relación íntima con el Padre"[9].

Cuando oramos acerca de nuestra paternidad, pedimos ayuda para mantenernos diligentes en el estudio de la Palabra para que nuestros hijos sepan que es nuestra fuente de sabiduría y valores. Pedimos fuerza para trabajar y servir incluso si estamos cansados. Pedimos ser llenos de amor incondicional por nuestros muchachos de modo que sea un reflejo del amor de Dios mismo. Oramos que nuestro andar espiritual se trate más de adorar que de solo seguir las reglas. Queremos que nuestros hijos vean autenticidad, donde lo que digamos compagine con cómo vivimos. Pedimos corazones no divididos que amen a Dios por sobre todo lo que el mundo tiene que ofrecer.

Dios nos ha dado algunas promesas asombrosas para alentarnos a lo largo del camino. Dice que Él ya nos "bendijo con toda bendición espiritual en los lugares celestiales en Cristo" (Efesios 1:3). Y nos dice que "todas las cosas que pertenecen a la vida y a la piedad nos han sido dadas por su divino poder, mediante el conocimiento de aquel que nos llamó por su gloria y excelencia" (2 Pedro 1:3). Incluso cuando nos sentimos como fracasos espirituales, esos versículos nos dejan saber que Dios nos puede dar todo lo que necesitamos para criar a nuestros hijos. Nos recuerdan que la carga no está sobre nuestros propios hombros porque apartados de Dios nada podemos hacer (Juan 15:5). Nos da fuerzas cuando nos sentimos inadecuados. Nos da paz incluso cuando nuestros hijos están batallando con incredulidad y desobediencia. Nuestro Dios es el único que corre a abrazar al pródigo. Es el Buen Pastor quien deja las noventa y nueve y va y encuentra a la que está perdida. Tenga la seguridad de que Dios ama a su hijo y que es poderoso y está dispuesto para rescatarlo.

Como Dios nos ha dado todas esas bendiciones espirituales, estamos emocionados de compartirlas con nuestros hijos. Podemos comprometernos con una iglesia local de modo que nuestro hijo experimente a un cuerpo de creyentes que cuiden de él. Podemos abrir la Palabra y estudiar para que escuche lo que Dios tiene que decir. Las reglas de nuestra casa pueden reflejar los caminos perfectos de Dios por medio de alentar la amabilidad y el respeto. Podemos compartir la gracia de Dios por medio de un espíritu que nunca los rechace. Podemos disfrutar la adoración juntos, orar y cantar con la música del coche. Podemos encontrar el gozo de servir a los demás como familia a través de ayudar a los que están a nuestro alrededor. Podemos celebrar juntos a Dios siempre que le agradezcamos por cómo ha bendecido a nuestra familia.

Tenga paz de saber que su hijo puede ver que Dios está vivo por cómo vive en usted. Su amor, su ayuda y su sabiduría son regalos de Dios a su hijo hoy. Siga en oración y confíe en que el Señor alcanzará el corazón de su hijo en el tiempo perfecto. "Fiel es el que os llama, el cual también lo hará" (1 Tesalonicenses 5:24).

69

CUANDO ESTÉ DESCONTENTO

Sé vivir humildemente, y sé tener abundancia; en todo y por todo estoy enseñado, así para estar saciado como para

tener hambre, así para tener abundancia como para padecer necesidad. Todo lo puedo en Cristo que me fortalece.

Filipenses 4:12-13

Estad siempre gozosos. Orad sin cesar. Dad gracias en todo, porque esta es la voluntad de Dios para con vosotros en Cristo Jesús.

1 Tesalonicenses 5:16-18

Este es el día que hizo el Señor; nos gozaremos y alegraremos en él [...] ¡Den gracias al Señor, porque él es bueno! Su fiel amor perdura para siempre.

Salmos 118:24, 29, NTV

PADRE:

Te pido que mi hijo descubra el "secreto de estar contento". Puede ser toda una lucha incluso cuando has llenado nuestra vida con demasiadas bendiciones como para contarlas. Tenemos alimentos sanos y refugio seguro, trabajo que trae propósito a nuestro día y el amor de amigos y familia. Tenemos tu Palabra y a tu Iglesia para alentarnos en cada situación. Nunca caminamos solos por la vida porque prometes estar siempre con nosotros. No hay suficientes horas en un día para agradecerte todo lo que has hecho.

No obstante, en nuestra insensatez y egoísmo todavía nos encontramos deseando lo que no tenemos. Si mi hijo está atareado desea relajarse, pero si es un día tranquilo se encuentra inquieto y aburrido. Prefiere gastar dinero en deseos que en necesidades, puede resistirse a compartir con otros lo que tiene, pero se resiente si otros no son generosos con él. Su corazón está dividido; me ama y a ti, y está agradecido con lo que se le da, pero anhela lo que puede ver con sus ojos. Nunca está satisfecho a plenitud.

Dale a mi hijo un corazón agradecido que no dé ni siquiera el regalo más sencillo por sentado. Fortalécelo con paciencia para esperar las posesiones y experiencias que está entusiasmado por obtener. Ayúdalo a confiar en ti en que traerás con exactitud lo que es mejor para él en el momento perfecto.

Cuando mi hijo tenga que arreglárselas sin algo y cuando sus deseos se tarden en llegar, que se apoye en ti. Dale fuerzas para soportar la dificultad sin quejarse o dudar tu bondad. Usa cualquier lucha por la que atraviese para generar compasión por los demás que sufren. Dale un corazón generoso para compartir con alegría lo que tiene.

Guarda mi corazón de cualquier codicia o descontento que pudiera causar que mi hijo tropiece. Dame oportunidades para dar y compartir con otros, y vivir a partir de una actitud abnegada que mi hijo siga. Hazme un padre paciente y agradecido quien reconozca tu bondad con nuestra familia. Que vea a mi hijo como un regalo tuyo y lo acepte tal como es. Que le muestra gracia y me regocije de que has compartido su vida conmigo.

Tú eres bueno y tu amor permanece para siempre. Amén.

70

CUANDO DUDE DE SU PROPIO VALOR

Mas vosotros sois linaje escogido, real sacerdocio, nación santa, pueblo adquirido por Dios, para que anunciéis las virtudes de aquel que os llamó de las tinieblas a su luz admirable.

1 Pedro 2:9

¿No se venden cinco pajarillos por dos cuartos? Con todo, ni uno de ellos está olvidado delante de Dios. Pues aun los cabellos de vuestra cabeza están todos contados. No temáis, pues; más valéis vosotros que muchos pajarillos.

Lucas 12:6-7

> Y me ha dicho: Bástate mi gracia; porque mi poder se perfecciona en la debilidad. Por tanto, de buena gana me gloriaré más bien en mis debilidades, para que repose sobre mí el poder de Cristo. Por lo cual, por amor a Cristo me gozo en las debilidades, en afrentas, en necesidades, en persecuciones, en angustias; porque cuando soy débil, entonces soy fuerte.
>
> 2 Corintios 12:9-10

PADRE:

Mi hijo tiene miedo de no ser lo suficientemente bueno. Se preocupa de todo: ¿es bien parecido o feo? ¿Inteligente o tonto? ¿Atlético o torpe? ¿Popular o rechazado? ¿Divertido o aburrido? Al final del día, no está seguro de lo que se necesita para agradar a otras personas o incluso a ti.

Escucho muchos comentarios que hace mi hijo de cómo ha fallado o se siente avergonzado. Se frustra conmigo si le pido que estudie o trabaje en cualquier cosa en la que se sienta débil. Se toma muy a pecho cualquier broma o crítica. Desquita su inseguridad sobre su familia y amigos, y critica o insulta en un débil intento por hacerse sentir más grande o mejor. Está escuchando las mentiras del enemigo de que no vale nada. Ha olvidado lo valioso que es a tus ojos.

Llena la mente de mi hijo con la verdad de que ha sido creado por ti y escogido para ser tu hijo. Recuérdale que estás con él todo el tiempo, listo para ayudar en el momento que se sienta débil. Ayúdalo a encontrar seguridad en tu gracia y aceptación para que esté libre de la presión de agradar a otras personas.

Enséñale a mi hijo que fue puesto en esta Tierra para anunciar las virtudes de aquel que nos llamó de las tinieblas a su luz admirable. No importa lo exitoso o impresionante que llegue a ser, su verdadero llamado es mostrar cuán perfecto y asombroso *eres*.

Consuela a mi hijo en su fracaso. Ayúdalo a ver sus imperfecciones como una maravillosa oportunidad de experimentar tu fuerza. Dale confianza en tu Palabra que diga: "Bástate mi gracia; porque mi poder se perfecciona en la debilidad". Que aprenda a depender de ti cuando haya llegado al límite de sus propias habilidades. Anímalo a que, con tu ayuda, cualquier cosa es posible.

Libera la mente de mi hijo de enfocarse en su propia autoimagen. Quita sus ojos de sí mismo para que pueda centrar su atención en cuán bueno eres. Ayúdalo a apreciar los talentos y bendiciones que tienen los demás sin volverse envidioso o competitivo. Dale la paz de que es especial y amado tal y como es hoy, para que les pueda dar esa misma gracia a las personas en su vida. Gracias por ser la fuente de cada talento, fuerza y don que poseemos. Que te adoremos por tu obra fiel para renovarnos día a día. No somos los que alguna vez fuimos sin ti y no somos todavía quienes llegaremos a ser cuando nos traigas a casa. Que reposemos en tu amor a cada instante. Amén.

71

CUANDO COMIENCE A PERDER LA ESPERANZA EN MI HIJO

El amor es paciente, es bondadoso. El amor no es envidioso ni jactancioso ni orgulloso. No se comporta con rudeza, no es egoísta, no se enoja fácilmente, no guarda rencor. El amor no se deleita en la maldad, sino que se regocija con la verdad. Todo lo disculpa, todo lo cree, todo lo espera, todo lo soporta. El amor jamás se extingue.

1 Corintios 13:4-8, NVI

> Siempre humildes y amables, pacientes, tolerantes unos con otros en amor. Esfuércense por mantener la unidad del Espíritu mediante el vínculo de la paz.
>
> Efesios 4:2-3

PADRE:

Estoy batallando con que me *simpatice* mi hijo a pesar de que lo *amo* tan profundamente. Es negativo, es desorganizado, no tiene motivación y es necio. Toma decisiones insensatas que traen consecuencias difíciles, pero no aprende de sus errores. No importa lo gentil o áspero, sensible o severo, no parece que nada de lo que digo marque alguna diferencia en su vida. No sé qué más hacer y siento ganas de rendirme.

Ayúdame a perdonar a mi hijo como me has perdonado. Eres un Dios de segundas oportunidades y quieres que tenga misericordia de mi hijo. Ayúdame a tenerle paciencia, confiar en que obrarás en su corazón en el momento exacto.

Guárdame de renunciar a mi trabajo como su padre. Ayúdame a permanecer fiel en hablar la verdad y disciplinarlo cuando necesite corrección. Que lo instruya con sabiduría, más que solo castigarlo por enojo. Dame la valentía de darle lo que necesita en lugar de solo lo que quiere. Muéstrame las palabras que necesita escuchar y los privilegios que debo remover mientras lo diriges al arrepentimiento.

Recuérdame que es tu creación, hecho a tu imagen. Dame una perspectiva fresca para disfrutar su personalidad y reconocer sus fortalezas. Ayúdame a ver lo que hace bien y cómo está creciendo para que pueda felicitarlo y edificarlo. Guárdame de hablar de manera negativa de él con los demás, incluso cuando esté cansado o frustrado. Llena mi corazón con compasión y entendimiento, sabiendo que sus debilidades producirán dolor y dificultades en su vida. Únenos en paz por tu Espíritu, capaces de valorarnos el uno al otro y dejar ir el pasado.

Enséñame cómo es el verdadero amor. Dame un corazón de siervo para seguir ayudando y dando con una actitud alegre, incluso aunque se sienta unilateral. Ayúdame a aferrarme a la esperanza por él. Edifica mi fe para creer que estás en control. Él está en tus manos, no las mías. Tu espíritu hará la obra necesaria para hacerlo madurar.

Acércate más a mi hijo hoy. Que sienta tu presencia y el amor que das con generosidad. Háblale a través de tu Palabra, tu pueblo y yo. Gracias por lo que harás en la vida de mi hijo. Y gracias por usar esta temporada difícil con mi hijo para incrementar mi paciencia y fe en ti. Amén.

72

CUANDO TENGA UNA ACTITUD NEGATIVA

Háganlo todo sin quejas ni contiendas, para que sean intachables y puros, hijos de Dios sin culpa en medio de una generación torcida y depravada. En ella ustedes brillan como estrellas en el firmamento.

Filipenses 2:14-15, NVI

¿De dónde vienen las guerras y los pleitos entre vosotros? ¿No es de vuestras pasiones, las cuales combaten en vuestros miembros? Codiciáis, y no tenéis; matáis y ardéis de envidia, y no podéis alcanzar; combatís y lucháis, pero no tenéis lo que deseáis, porque no pedís.

Santiago 4:1-2

¿Por qué te abates, oh alma mía, y por qué te turbas dentro de mí? Espera en Dios; porque aún he de alabarle, salvación mía y Dios mío.

Salmos 42:11

SEÑOR:

Mi hijo está batallando profundamente con su actitud. Se siente defraudado, como si todos a su alrededor tuvieran una mejor situación que él. Se queja de tener que trabajar y discute sobre todo lo que le pido que haga. Se irrita con facilidad y no parece disfrutar pasar tiempo con nuestra familia. Se está volviendo más irrespetuoso y negativo cada día. Camino sobre hielo delgado a su alrededor sin que yo sepa lo que lo hará reaccionar. Cada vez espero menos de él, ya que no parece ayudar y de todos modos no hace un buen trabajo. Su negatividad y mal estado de ánimo lo están aislando de nuestra familia y afecta también su interés en el Señor. Necesita tu ayuda para restaurar su sonrisa, su gozo y su amor.

Si mi hijo resiente los privilegios o posesiones que tienen sus hermanos y amigos, crea un corazón agradecido en él que pueda apreciar sus regalos. Abre sus ojos a las luchas y el dolor de los demás para que reconozca lo bendecido que es en verdad. Si sus estados de ánimo oscuros son causados por la culpa de un pecado secreto al que se está aferrando, que encuentre perdón y paz en ti. Si fue herido por las palabras o acciones de otros dale la valentía para compartir lo que sucedió para que pueda recibir consuelo y ayuda. Suaviza su corazón para que pueda perdonar al que lo ofendió. Si mi hijo está preocupado, confundido, fue traicionado o se siente frustrado por algo en su vida, te pido que experimente tu esperanza y paz. Que te busque en oración y descubra que escuchas y respondes. Usa esta temporada difícil para mostrarle lo cerca, lo dispuesto a ayudar y lo lleno de amor que estás.

Dame paciencia y compasión por mi hijo. Muéstrame cómo pedirle cuentas por su comportamiento al mismo tiempo de alentarlo. Evita que su negatividad se robe el gozo y la risa de nuestra casa. Que responda a su queja con acción de gracias, a su enojo con un espíritu gentil y a su resistencia con fuerza. Ayúdanos a pasar por esto y acércanos más al final.

Gracias por tu gran misericordia que nos tiene paciencia mientras batallamos. Tu amor nunca falla. Amén.

73

CUANDO NECESITE MOTIVACIÓN

Como todas las cosas que pertenecen a la vida y a la piedad nos han sido dadas por su divino poder, mediante el conocimiento de aquel que nos llamó por su gloria y excelencia, por medio de las cuales nos ha dado preciosas y grandísimas promesas, para que por ellas llegaseis a ser participantes de la naturaleza divina, habiendo huido de la corrupción que hay en el mundo a causa de la concupiscencia; vosotros también, poniendo toda diligencia por esto mismo, añadid a vuestra fe virtud; a la virtud, conocimiento; al conocimiento, dominio propio; al dominio propio, paciencia; a la paciencia, piedad; a la piedad, afecto fraternal; y al afecto fraternal, amor. Porque si estas cosas están en vosotros, y abundan, no os dejarán estar ociosos ni sin fruto en cuanto al conocimiento de nuestro Señor Jesucristo.

2 Pedro 1:3-8

El da esfuerzo al cansado, y multiplica las fuerzas al que no tiene ningunas. Los muchachos se fatigan y se cansan, los jóvenes flaquean y caen; pero los que esperan a Jehová tendrán nuevas fuerzas; levantarán alas como las águilas; correrán, y no se cansarán; caminarán, y no se fatigarán.

Isaías 40:29-31

PADRE:

Crecer es trabajo duro. Se requiere energía para abordar trabajo escolar desafiante, desarrollar habilidades deportivas o musicales, completar proyectos y terminar quehaceres todos los días. Cuando la lista de pendientes es difícil o aburrida es incluso más difícil de enfrentar. Mi hijo está perdiendo su motivación para proseguir y hacer su mejor esfuerzo en las tareas que tiene a la mano. Necesita tu ayuda para perseverar.

Mi hijo puede enfocarse demasiado en el resultado de su trabajo. Se siente tentado a rechazar cualquier actividad en la que se sienta inferior. Dale resistencia para practicar en las áreas donde es débil para que pueda crecer en sus habilidades. Guárdalo de una actitud competitiva que se sienta satisfecha solo con ganar o ser el mejor.

Protege a mi hijo de la debilidad de la pereza o la apatía. Que descubra la verdad de que trabajamos para agradarte y no a otras personas. Dale satisfacción en saber que reconoces sus esfuerzos incluso cuando nadie más los pueda ver. Cuando esté renunciando a recibir una recompensa por su labor, dale paz en saber que lo ves todo y que tienes recompensas eternas en tu mano.

Despierta la mente de mi hijo y enciende una curiosidad fresca para aprender y explorar. Guárdalo de desperdiciar su energía y atención en cosas inútiles. Que valore las relaciones sobre la relajación, y la experiencia sobre el entretenimiento para que sus días tengan propósito y significado. Mientras que es importante que mi hijo persiga fuertes resultados académicos y un trabajo bien hecho, que su mayor propósito sea servirte. Cuando esté cansado de sobresalir en la multitud solo por mantenerse en su fe, dale fuerza para permanecer firme. Cuando se sienta tentado a ceder a los deseos pecaminosos, que corra a ti y encuentre fuerza para obedecer. Si la Biblia parece demasiado complicada de entender, que la lea una y otra vez hasta que hable a su corazón.

Dale a mi hijo el ímpetu de experimentar la vida abundante que prometes. Sacúdelo para que salga de su apatía con el fin de descubrir todo lo que tienes preparado si persevera. Muéstrame cómo alentarlo a medida que encuentre su camino. Amén.

Una historia de oración

Cuando estaba embarazada de mi segundo hijo, oré porque fuera un niño y Dios escuchó y respondió mi oración. A medida que mi hijo crecía de continuo oraba con él y por él. Tanto como había esperado salvarlo de alguna vez ser herido, algunas lecciones necesitaría aprenderlas de la manera difícil y requirió que Jesús sanara algunas heridas.

Desde chico le encantaba el fútbol americano. Siempre estaba en el campo o en los vestidores con su papá, el entrenador del equipo de la escuela media-superior. Era inevitable que mi hijo tuviera un fuerte deseo de jugar. Su carrera en el fútbol americano comenzó en cuarto grado y su lugar como el mariscal de campo del equipo comenzó al año siguiente. Era uno de los muchachos más jóvenes de su grupo y uno de los jugadores más pequeños en el campo. ¡Cada juego parecía como si los jugadores rivales crecieran cada vez más y mis oraciones por mi hijo crecían con ellos!

En la escuela media-superior, en sus primeros dos años en el seleccionado junior tuvo una temporada exitosa como mariscal de campo y eso solo incrementó su amor por el juego. No podía esperar a estar en la selección de la escuela y soñaba con un día jugar en el nivel universitario e incluso en la NFL.

La fe siempre fue una gran parte de su vida. El verano anterior a su primera temporada en la selección de la escuela, fue a un viaje de misiones a Guatemala. Fue un evento que transformó su vida cuando llevaron canastas con cincuenta libras o veintitrés kilogramos de alimentos a aldeas remotas en las montañas. Fue una prueba de mi fe que permitiera que mi hijo menor viajara a otro país.

Una vez más, Dios respondió mis oraciones y lo trajo a casa a salvo con un espíritu renovado.

Cuando regresó, su temporada de fútbol americano comenzó con días de entrenamiento doble, que son algunas semanas de práctica fuerte antes de comenzar con los partidos reales. Había sido tratado de dolor de espalda de vez en vez, pero no parecía nada serio hasta que regresó a casa de un entrenamiento un día con tanto dolor que supimos que necesitábamos obtener algunas respuestas rápidamente.

Después de una tomografía, una resonancia y un escaneo óseo, la fuente de su tremendo dolor fue descubierta cuando encontraron cuatro fracturas en su columna vertebral. Había cuatro rajaduras consecutivas, así que solo necesitaba recibir un buen golpe para que cambiara todo en su vida. La lesión era tan inaudita que el especialista de hecho la usó como un estudio.

Eso fue el fin. Su temporada de fútbol americano, y con mucha probabilidad su carrera deportiva, había terminado mientras le medían un aparato ortopédico que tendría que llevar durante varios meses. Para ser honesta, no estoy segura de qué estaba más roto si su corazón o su espalda. Mi corazón también estaba roto.

Ambos estábamos tan agradecidos de que Dios lo hubiera librado de una lesión mayor que podría haber resultado en una parálisis completa o algo peor y tratamos de enfocarnos en eso más que en la gran decepción por la pérdida de sus planes y sueños. Sin embargo, era difícil verlo con tanto dolor, parado fuera de la cancha viendo a su equipo jugar sin él, partido tras partido.

Todo lo que podía hacer era orar, y eso hice. Oré que Dios le diera fuerza y que sanara todo su quebranto. En cierto punto durante su sanidad me confesó que su fe era más importante para él que el fútbol americano. Continuó creyendo que un día sería sanado y restaurado.

Después de una larga temporada de fútbol americano, volvió con el especialista, quien estaba asombrado con el avance y le dio la autorización de volver a jugar. Yo no me sentía tan segura, y le recordé su lesión y lo que podía suceder. Me respondió: "Mamá, Jesús sanó mi espalda. Está sanada, más fuerte que antes". Había estado orando y creyendo también, así que dejé ir mis temores y confié y seguí orando mientras la siguiente temporada comenzaba. En su último año, con mi hijo como mariscal de campo, su equipo rompió los récords de la escuela al pasar a las eliminatorias. Fueron más lejos que ningún otro equipo en nuestro pequeño pueblo. ¡Dios había respondido nuestras oraciones!

Mientras se preparaba para graduarse ese año visitó algunas universidades y habló con los entrenadores acerca de jugar fútbol americano. Todo era tan emocionante y nuestras oraciones por dirección eran respondidas de continuo cuando se estableció en una escuela que tenía un excelente programa de fútbol americano y estaba a solo un par de horas de distancia. Con sus planes para la universidad asegurados con becas y subvenciones esperábamos que comenzara este nuevo capítulo de su vida.

Entonces llegaron las noticias que romperían por completo mi corazón. Mi hijo, en el último año de la escuela media-superior, iba a convertirse en papá. Quedé devastada al pensar en que todos sus planes y sueños con toda seguridad serían destruidos. Una vez más oré, creyendo que Dios lo ayudaría y que nos ayudaría a pasar por esto.

Aunque no lo reconoció, estaba asustado y decepcionado y seguro de que había cancelado cualquier buen plan que Dios hubiera tenido para él. Después de muchas discusiones y oración, se decidió que continuaría con sus planes de ir a la universidad. Si iba a ser un papá, también necesitaba ser un proveedor. Lo mudamos a su nuevo hogar en los dormitorios de primer año justo cuando los entrenamientos de fútbol americano comenzaban.

Supusimos que como alumno de primer año no jugaría mucho tiempo, en especial como mariscal de campo, al considerar que había más de cien jugadores en este equipo. Estábamos equivocados. Jugó. Y mucho. No solo jugó en casi cada partido, sino que ganaron las eliminatorias ese año. En su primer año en la universidad como mariscal de campo ganó un anillo de campeonato; ¡solo Dios!

Dios es fiel incluso cuando nosotros no. La primera temporada de mi hijo en el fútbol americano colegial llegó rápidamente a un asombroso final y ahora esperábamos el nacimiento de una niña. Varias semanas después llegó la llamada y nos dirigimos al hospital. Solo se necesitó una mirada a su hermoso rostro para quedar cautivados. Dios nos bendice a pesar de nuestras decisiones; sus planes para nosotros no son impedidos.

Mi hijo tomó la decisión de ser transferido a una universidad que estaba a una menor distancia de casa para estar cerca de su hija. Es un maravilloso y amoroso padre y no podría imaginar nuestra vida sin su preciosa pequeña. Dios ha respondido mis oraciones por mi hijo una y otra vez. El Señor convierte lo roto en algo hermoso.

Lanette Haskins es esposa, mamá y "abuelita" de sus nietas y reside con su familia en Michigan. Es escritora en *Grace Found Me*, www.lanettehaskins.blogspot.com, y dirige el ministerio, Healing for the Abortion Wounded Heart.

74

CUANDO ESTÉ EN EL GRUPO EQUIVOCADO

Aun el muchacho es conocido por sus hechos, si su conducta fuere limpia y recta.

Proverbios 20:11

No se dejen engañar por los que dicen semejantes cosas, porque "las malas compañías corrompen el buen carácter". Piensen bien sobre lo que es correcto y dejen de pecar. Pues para su vergüenza les digo que algunos de ustedes no conocen a Dios en absoluto.

1 Corintios 15:33-34, NTV

El que anda con sabios, sabio será; mas el que se junta con necios será quebrantado.

Proverbios 13:20

SEÑOR:

Mi hijo está siendo llevado por un camino destructivo por el grupo de amigos del que es parte y permite que otros influencien lo que cree que es bueno o malo. Su fe ha sido sacudida por las críticas de ellos contra ti y tu Palabra. Su obediencia y su conciencia se están viendo en peligro por su búsqueda de diversión y aceptación. Ha perdido su camino, y necesita ayuda para encontrar el camino de regreso.

Te pido que mi hijo vuelva en sí y recuerde que Tú eres el único Dios verdadero. Ayúdalo a recordar lo que está bien y lo que está mal; que se aparte de su pecado y se someta a ti en todo. Está tomando decisiones y diciendo palabras que niegan su identidad como tu hijo. Está comenzando a experimentar las dolorosas consecuencias de ir por su propio camino. Que vuelva a descubrir su verdadero ser como un seguidor de Jesús escogido y amado.

Rodea a mi hijo con hombres de Dios que lo desafíen a entregarse a ti. Que ande con sabios y vea tu poder y amor siendo vivido a través de otros. Dale la valentía para alejarse de la amistad con cualquiera que te niegue o lo aliente a desobedecer tu Palabra. Guíalo a tener comunión con otros creyentes para que no tenga que vivir su frágil fe solo.

Te pido que mi hijo confíe plenamente en tu perdón. Guarda su mente de creer que ha ido demasiado lejos como para que lo puedas volver a alcanzar. Que te descubra como su mejor amigo; un compañero que siempre está a su lado cuyo amor nunca falla.

Dame un corazón de compasión por sus amigos. Reemplaza mi enojo y frustración con amor y preocupación por lo mucho que te necesitan. Muéstrame cómo acercarme con amor al mismo tiempo de ayudar a mi hijo a guardarse de su influencia. Haz de nuestro hogar un lugar donde tu luz brille para que *te* vean cuando estén con nosotros.

Dame la fe para creer que librarás a mi hijo del grupo equivocado. Ayúdame a ser paciente y lleno de gracia a medida que trabajas en su vida. Gracias por amar a mi hijo y nunca rendirte con él. Amén.

75

CUANDO SEA COMPETITIVO

Nada hagáis por contienda o por vanagloria; antes bien con humildad, estimando cada uno a los demás como superiores a él mismo.

Filipenses 2:3

Porque todo lo que hay en el mundo, los deseos de la carne, los deseos de los ojos, y la vanagloria de la vida, no proviene del Padre, sino del mundo. Y el mundo pasa, y sus deseos; pero el que hace la voluntad de Dios permanece para siempre.

1 Juan 2:16-17

Así que, sea que coman o beban o cualquier otra cosa que hagan, háganlo todo para la gloria de Dios.

1 Corintios 10:31, NTV

PADRE:

¡A mi hijo le encanta ganar! Tiene un ímpetu por jugar fuerte, practicar con toda su fuerza y salir como el mejor en la competencia. Sin embargo, necesita tu ayuda para competir con una actitud santa.

Guarda el corazón de mi hijo del orgullo que quiere ser mejor que todos los demás. Dale humildad para levantar a sus compañeros de equipo y alentar el éxito para todos. Que ponga primero al equipo en lugar de procurar la gloria para sí mismo. Que se someta a las instrucciones del entrenador y que muestre respeto a los árbitros.

Te pido que mi hijo tenga el corazón de un siervo para su equipo y para ti. Si se esfuerza por la excelencia, que sea para agradarte y beneficiar al grupo. Dale aprecio por los talentos de los demás con un entendimiento de sus propias debilidades.

Guarda a mi hijo de presumir acerca de sus logros. Que esté quieto y que permita que cualquier recompensa o alabanza provenga de otros y de ti. Dale una actitud generosa, honorable hacia su equipo cuando pierdan. Cuando no sea el día de que tengan éxito, guárdalo de ser un mal perdedor. Que acepte el resultado y determine hacer su mejor esfuerzo sin importar qué.

Te pido que mi hijo viva para engrandecer tu nombre. Si está entrenando, compitiendo, ahorrando dinero para comprar equipo, dándole la bienvenida a un nuevo miembro del equipo o recibiendo una fuerte corrección de un entrenador que su motivación sea amar y vivir como Jesús. Dale paciencia y resistencia cuando tenga ganas de renunciar. Hazlo un pacificador cuando su equipo esté dividido. Mantenlo positivo y que apoye a los demás en tiempos de decepción.

Muéstrame cómo apoyar a mi hijo en competiciones. Gobierna mi corazón para que valore su conducta más que sus trofeos. Que yo ponga un ejemplo de respeto y santidad en cómo interactúo con los padres y entrenadores del equipo. Úsame como ánimo y como pacificador. Dame sabiduría para equilibrar nuestro tiempo de modo que las relaciones familiares y la adoración no se pierdan entre los entrenamientos y los horarios.

Gracias por usar la competencia para estirar y hacer madurar a mi hijo. Que conozca tu voluntad y que con entusiasmo te obedezca en todo. Sé glorificado en él todos los días de su vida. Amén.

76

CUANDO ADMINISTRE SU DINERO

Pero los que viven con la ambición de hacerse ricos caen en tentación y quedan atrapados por muchos deseos necios y dañinos que los hunden en la ruina y la destrucción. Pues el amor al dinero es la raíz de toda clase de mal; y algunas personas, en su intenso deseo por el dinero, se han desviado de la fe verdadera y se han causado muchas heridas dolorosas.

1 Timoteo 6:9-10, NTV

No temáis, manada pequeña, porque a vuestro Padre le ha placido daros el reino. Vended lo que poseéis, y dad limosna; haceos bolsas que no se envejezcan, tesoro en los cielos que no se agote, donde ladrón no llega, ni polilla destruye. Porque donde está vuestro tesoro, allí estará también vuestro corazón.

Lucas 12:32-34

Ninguno puede servir a dos señores; porque o aborrecerá al uno y amará al otro, o estimará al uno y menospreciará al otro. No podéis servir a Dios y a las riquezas.

Mateo 6:24

PADRE:

Nuestro dinero y recursos son un regalo tuyo. En tu bondad recompensas nuestro trabajo por medio de nuestras ganancias. Provees los medios para mantener nuestra casa y cuidas de nuestras necesidades físicas. Nos habilitas para compartir lo que tenemos con los demás, aliviar la pobreza y lograr nuestra misión en el mundo.

No obstante, el dinero se puede convertir en una trampa destructiva cuando dependemos de él para nuestra seguridad y felicidad.

Dale a mi hijo una perspectiva sabia sobre sus finanzas. Ayúdalo a reconocer cómo le has provisto y a alabarte por sus dones. Que esté contento con todo lo que tiene. Mantenlo libre de la mentira de que puede encontrar felicidad en las cosas materiales más que en ti. Guárdalo de un corazón codicioso que nunca esté satisfecho y se rehúse a ser generoso. Dale sabiduría a mi hijo y fuerza para trabajar con diligencia y ahorrar lo que gane. Dale la creatividad y la perseverancia para incrementar su cuenta de banco a medida que crezca. Que sea consciente de cómo gasta su dinero; dale paciencia y discernimiento para evitar gastos tontos que lamente.

Que mi hijo descubra el gozo que se encuentra en dar con generosidad a los demás. Guárdalo de acumular lo que tiene, con el entendimiento de que tus bendiciones tienen el propósito de ser compartidas con liberalidad. Ayúdalo a encontrar su seguridad en ti y en tu fidelidad más que en sus propias habilidades y en su cuenta bancaria.

Que yo sea un ejemplo de obediencia y sabiduría a medida que administro los recursos que provees. Dame dominio propio en mis gastos, sabiduría en mis ahorros e inversiones y un corazón que esté dispuesto a compartir con todos. Sobre todo, dame un espíritu de agradecimiento y gratitud por todo lo que has hecho por nosotros.

Gracias por tu fidelidad en suplir nuestras necesidades. Que busquemos nuestro tesoro en ti y solo en ti. Amén.

77

CUANDO NO SEPA QUÉ ORAR

Sabemos que toda la creación todavía gime a una, como si tuviera dolores de parto. Y no solo ella, sino también nosotros mismos, que tenemos las primicias del Espíritu, gemimos interiormente, mientras aguardamos nuestra adopción como hijos, es decir, la redención de nuestro cuerpo. Porque en esa esperanza fuimos salvados. Pero la esperanza que se ve ya no es esperanza. ¿Quién espera lo que ya tiene? Pero, si esperamos lo que todavía no tenemos, en la espera mostramos nuestra constancia. Así mismo, en nuestra debilidad el Espíritu acude a ayudarnos. No sabemos qué pedir, pero el Espíritu mismo intercede por nosotros con gemidos que no pueden expresarse con palabras. Y Dios, que examina los corazones, sabe cuál es la intención del Espíritu, porque el Espíritu intercede por los creyentes conforme a la voluntad de Dios.

Romanos 8:22-27, NVI

PADRE:

No sé cómo orar por mi hijo. Todo lo que sé con certeza es que te necesita. Este mundo está lleno de dolor, violencia y pecado. Parece un deseo tonto esperar que mi hijo sea capaz de conocerte y andar en tus caminos. Hoy, cuando estoy confundido y tengo dudas de que encontrará su camino, confío en que tu *sabes*.

Gracias por tu Espíritu que ora por mi hijo cuando no puede orar por sí mismo. Cuando me desanimo y me pregunto si lo va a lograr, te alabo de que su corazón esté con nosotros. Cuando me duelo por sus errores y sus consecuencias, me recuerdas tu paciencia y perdón.

Cuando está herido o débil, tu Palabra me dice que Tú eres nuestro sanador. Cuando siento como si estuviéramos en una batalla el uno con el otro, Tú declaras que eres nuestra paz. Gracias por tu sabiduría cuando cometo tonterías, por tu conocimiento cuando no tengo idea y por el derramamiento de tu misericordia cuando estoy listo para renunciar.

Muéstrame cómo orar. ¡Abre mis ojos para ver lo que mi hijo necesita más! Puedo caer en orar por una vida fácil y feliz para él, pero "¿qué aprovechará al hombre si ganare todo el mundo, y perdiere su alma?" (Marcos 8:36). Guía mis oraciones para que pueda levantar su misma alma a ti.

Hazme fiel en oración por mi hijo. Enséñame el misterio de cómo: "Estad siempre gozosos. Orad sin cesar. Dad gracias en todo, porque esta es la voluntad de Dios para con vosotros en Cristo Jesús" (1 Tesalonicenses 5:16-18). Quiero levantar a mi hijo delante de ti en todo tiempo. Quiero estar gozoso y agradecido incluso cuando esté afligido o sea rebelde. Quiero colocarlo en tus manos para que no lleve el peso de su futuro en mis propios hombros.

Gracias por el don de la oración. Tú siempre estás conmigo. Nunca fallas en escuchar y responder cuando clamo a ti. Te preocupas cuando estoy sufriendo y tengo miedo. Cubres mis errores como padre con tu perfecto amor. Y, sobre todo, amas a mi hijo y lo conoces de todo a todo. Alabo tu nombre por la esperanza que tenemos en ti; somos salvos y somos tuyos para siempre. Amén.

NOTAS

1. Ann Voskamp, "Sons, Mothers, and Silk Purses out of Sow's Ears" [Hijos, madres y monas que se visten de seda], *A Holy Experience* [Una experiencia santa], 7 de abril de 2011, http://www.aholyexperience.com/2011/04/sons-mothers-and-silk-purses-out-of-sows-ears/.

2. C. S. Lewis, *The Business of Heaven: Daily Reading from C. S. Lewis* [El negocio del cielo: lecturas diarias de C. S. Lewis] (New York: Mariner Books, 1984), 22.

3. Christian Quotes [Frases cristianas], "Oswald Chambers", consultado el 26 de septiembre de 2013, http://christian-quotes.ochristian.com/Oswald-Chambers-Quotes/page-3.shtml.

4. Chuck Colson, "Finding Sexual Freedom in Augustine's Confessions" [Encontrar la libertad sexual en las confesiones de Agustín], The Gospel Coalition, 16 de enero de 2014, http://thegospelcoalition.org/blogs/tgc/2014/01/16/finding-sexual-freedom-in-augustines-confessions/.

5. Rob Jackson, "When Children View Pornography" [Cuando los niños ven pornografía], Focus on the Family [Enfoque a la Familia], consultado el 16 de abril de 2014, http://www.focusonthefamily.com/parenting/sexuality/when_children_use_pornography.aspx.

6. John Calvin, como fue citado por Chris Tiegreen, *The One Year at His Feet Devotional* [Devocional, un año a sus pies] (Wheaton: Tyndale Momentum, 2006), 24.

7. D. L. Moody, *Mornings with Moody* [Mañanas con Moody] (Dallas: Primedia eLaunch, 2012), 36.

8. Dr. Tim Kimmel, *Raising Kids Who Turn Out Right* [Cómo criar niños que terminen bien] (Scottsdale, AZ: Family Matters, 2006).

9. Dr. Chap Clark and Dr. Kara E. Powell, *Sticky Faith: Everyday Ideas to Build Lasting Faith in Your Kids* [Fe pegajosa ideas cotidianas para desarrollar una fe duradera en sus hijos] (Grand Rapids: Zondervan, 2011), 65.

Rob Teigen fue editor profesional durante más de veinte años y es el autor de la serie de mayor venta *Laugh-Out-Loud Jokes for Kids* [Ríe a Carcajadas, Chistes para Niños] (bajo el seudónimo Rob Elliott). Él y su esposa, **Joanna Teigen,** han celebrado veinticinco años de matrimonio y tienen cinco hijos quienes traen aventura a sus vidas en West Michigan. Juntos desarrollan recursos para alentar a parejas y familias, incluyendo *88 Great Daddy-Daughter Dates* [88 ideas excelentes para salir con tu hija]. Conozca más en www.growinghometogether.com.